Karl Reichelt

Beiträge zur Geschichte des ältesten Weinbaus in Deutschland

und dessen Nachbarländern bis zum Jahre 1000 n. Chr

Karl Reichelt

Beiträge zur Geschichte des ältesten Weinbaus in Deutschland
und dessen Nachbarländern bis zum Jahre 1000 n. Chr

ISBN/EAN: 9783743437098

Hergestellt in Europa, USA, Kanada, Australien, Japan

Cover: Foto ©ninafisch / pixelio.de

Weitere Bücher finden Sie auf **www.hansebooks.com**

Beiträge

zur

Geschichte des ältesten Weinbaus

in

Deutschland und dessen Nachbarländern

bis zum Jahre 1000 n. Chr.

von

Karl Reichelt,

Lehrer am Pomolog. Institut und Vorstand des Naturw. Vereins in Reutlingen.

Mit einem Holzschnitt.

Reutlingen. 1886.

Verlag von J. Kochers Buchhandlung.

Buchdruckerei von Gustav Bofinger in Reutlingen.

Inhalts-Uebersicht.

	Seite
Vorwort.	
Einleitung: Die Einführung des Weinbaus in Deutschland	1
Bezeichnung der Weinberge in den Kloster-Urkunden	10
Weinbergsgrenzen, Wein- und Weinbergsmasse	16
Die Ausdehnung des Weinbaus bis zum Jahre 1000	21
Ortschaften, deren Namen mit dem Worte Wein (Win) gebildet sind	62
Verzeichnis derjenigen heute noch bestehenden Orte, von denen Weinbau vor dem Jahre 1000 nachgewiesen werden konnte	66
Rebkultur und Weingewinnung	83
Verwendete Litteratur	88

Vorwort.

Die Geschichtsschreiber zu Anfang unseres Jahrhunderts haben vielfach den Versuch gemacht, nachzuweisen, wann in den einzelnen Bezirken, deren Geschichte sie bearbeiteten, der Weinbau begonnen habe. Es hat dies zu den verschiedensten Erörterungen und Ansichten Anlass gegeben. Endgültig erledigt konnte die Frage damals nicht gut werden, weil es an den nötigen Beweisstücken, den Urkunden fehlte. Nur wenige waren im Drucke herausgegeben und diese waren nicht immer zuverlässig. In unserer Zeit dagegen ist die Behandlung dieser Frage einigermassen dadurch erleichtert worden, dass die noch vorgefundenen Urkunden, die bekanntlich grossenteils von Bücherdecken etc. abgelöst werden mussten, entziffert und dem Drucke übergeben worden sind. Mit ihnen sind wir aber auch zum grössten Teil der ältesten Geschichte unseres Vaterlandes gekommen und auch die Kulturgeschichte kann sich ihr Material aus ihnen sammeln, was allerdings Mühe, Zeit und in erster Linie Geduld in reichem Masse in Anspruch nimmt. Die nachfolgende Arbeit, die ja noch keinen Anspruch auf Vollständigkeit machen kann und soll, wird doch wenigstens den Zweck erfüllen, dass sie einen Anhaltspunkt zum Weiterforschen bietet. Vielleicht veranlasst sie den einen oder den andern, da und dort eine Lücke auszufüllen. Sie wurde schon im Jahre 1880 in der Kgl. Staatsbibliothek in München begonnen, wo dem Verfasser ein unschätzbares Material zu Gebote stand und in reichstem Masse durch die Güte eines hohen Kultus-Ministeriums und der Herren Beamten der Bibliothek zur Verfügung gestellt wurde. Ihnen, und besonders Herrn Dr. Fritz Hommel, Professor an der Universität München, sei an dieser Stelle der beste Dank für ihre Bemühungen gezollt.

Bei der Abfassung der nachstehenden Arbeit wurden folgende Grundsätze ins Auge gefasst:

1. Es sollen Sagen, deren es ja unendlich viele in dieser Richtung giebt, sowenig wie möglich berücksichtigt und soll nur das geschichtlich Nachweisbare zu Hülfe genommen werden.
2. Es soll womöglich nachgewiesen werden, wann an den einzelnen Orten der Weinbau begonnen wurde. Wo dies nicht möglich

ist, soll wenigstens ausgeführt werden, wann der betr. Ort zum erstenmale als im Besitz von Weinbergen nachweisbar ist.

3. Es sollen nur diejenigen Orte inbegriffen werden, an denen ein Weinbau jemals rationell hat betrieben werden können. Damit hat sich nun nicht allein die Zeit, die durchzuarbeiten war, bestimmt, sondern es ergaben sich auch bestimmte Grenzen. Es konnte nur das Gebiet des Rheines und der Donau in Frage kommen. Der jüngere Weinbau im Brandenburgischen, bei Königsberg, Danzig u. s. w. hat niemals eine hervorragende Rolle gespielt, er fiel von selbst weg. Vom Verfasser wurde das Jahr 1000 als Endstein gesetzt, da sich nach den oben angeführten Gesichtspunkten in dieser Zeit die **grösste Ausdehnung des Weinbaus für deutsches Gebiet** ergab.

Manchem deutschen Weinbauern und Schriftsteller über Weinbau wird das Werkchen vielleicht ein dienliches Nachschlagebuch sein, weshalb auch das am Schlusse angehängte Verzeichnis so eingehend als möglich gefertigt wurde. Für Korrekturen von Fehlern und ev. Mitteilung weiterer Orte und Daten wird der Verfasser äusserst dankbar sein.

Möge das Werkchen eine freundliche Auf-

nahme und nach dem eingangs Gesagten eine
nicht zu strenge Kritik erfahren. Besonders ermutigt zu dessen Herausgabe hat den Verfasser
die freundliche Aufnahme, die ein Vortrag desselben über den «ältesten Weinbau in Baiern»
im Jahre 1881 im Landwirtschaftlichen Bezirks-Verein München, in Gegenwart seiner Kgl. Hoheit,
des Prinzen Ludwig von Baiern, eines hohen
Protektors aller landwirtschaftlichen Zweige, abgehalten hat.

Wegen etwa vorhandener Schreibfehler bittet
der Verfasser um Entschuldigung. Sie lassen
sich bei den Ortsnamen nur äusserst schwer vermeiden, zumal die letzteren an und für sich verschieden geschrieben werden. Als Druckfehler
sind bis jetzt nur aufgefallen auf Seite 45 Zeile 5
von oben Binzen statt Bingen, dann in der Ueberschrift von Seite 16 soll es heissen: Weinbergsgrenzen, Wein- und Weinbergsmasse, was auch
in dem einschlägigen Verzeichnisse richtig gestellt ist.

Reutlingen, im Oktober 1885.

K. Reichelt.

Einleitung.

---※---

Die Einführung des Weinbaus in Deutschland.

Viele Schriftsteller setzen den Anfang des Weinbaus in Deutschland schon in dessen römische Periode. Thudichum[1]) geht sogar soweit, dass er, Bronners[2]) Ansicht über die Reben in den Wäldern am Rhein folgend, die Behauptung aufstellt, die Rebe sei in Deutschland ebenso heimisch, wie in südlichen Ländern, was er noch durch das Auffinden der Vitis teutonica in der Braunkohle zu Salzungen[3]) zu erhärten sucht.

Die Weinreben, welche Bronner als «wilde» bezeichnet, sind aber, wie vielfach von Botanikern

---

[1]) Thudichum, Traube und Wein in der Kulturgeschichte. Siehe weiteres in der angefügten „Litteratur".

[2]) Bronner, Die wilden Trauben des Rheinthales, sagt pag. 25: „Ich gehe nämlich von der Ansicht aus, dass unsere wilden Reben nicht aus den Saamen unserer cultivirten Reben hervorgegangen seien, sondern, dass sie Kinder unserer Flora sind, und dass sie als natürliche Schlingpflanzen unserer Vegetation angehören und von jeher angehört haben".

[3]) Siehe Dahlen, bei v. Babo etc. etc.

erwiesen ist, weshalb sie auch in den Floren nur oberflächlich behandelt werden, sicher nur verwildert[1]), und Ueberreste einer früheren Weinkultur. Auch auf den Bergen des Mainthales sind solche nicht selten. Eine prähistorische vitis teutonica aber als geniessbare Traube in den Bereich einer geschichtlichen Forschung zu ziehen, wäre doch etwas zu weit zurückgegriffen, zumal uns die Funde aus den Pfahlbauten noch nicht eine Spur dahin liefern, dass weder von deren Bewohnern Wein getrunken noch Trauben genossen worden wären[2]).

Römische Schriftsteller überliefern uns, dass die Germanen am Rheine Wein nicht bauten. Caesar[3]) berichtet sogar, dass einzelne Stämme der Germanen römischen Wein nicht in ihr Land einführen liessen; zu Tacitus[4]) Zeiten aber erhandelten sie Wein von ihnen; derselbe Autor[5]) spricht sich aber deutlich dahin aus, dass sie weder Gärten noch Obstgüter anlegten, um wie viel weniger werden sie dann Wein gebaut haben.

---

[1]) Gmelin, flora badensis als vitis Sylvestris.

[2]) Siehe dazu Reichelt, Heimat und Wanderung deutscher Obstgehölze. Obstgarten 1881. Koch, Die deutschen Obstgehölze, Stuttgart 1876; v. Babo und E. Mach, Einleitung zum Handbuch des Weinbaus und der Kellerwirtschaft.

[3]) De bello Gallico II, 15; IV, 2.

[4]) Tacitus germ. c. 23, „proximi ripae et vinum mercantur."

[5]) Nec enim cum ubertate et amplitudine soli labore contendunt, ut pomaria conserant et prata separent et hortos rigent sola terrae seges imperatur.

Auch Varro[1]) traf in der Rheingegend noch keinen Weinstock. Zum Betreiben eines landwirtschaftlichen Zweiges wie des Weinbaues gehört auch in erster Linie Sesshaftigkeit und angestrengte Arbeit, verbunden mit grösster Ausdauer, zwei Eigenschaften, die unsere Vorfahren wohl nur in geringem Masse besassen. Erstere erreichten sie erst, nachdem die Römer ihre limes gezogen[2]), letztere konnten erst infolge der ersteren im Kampfe ums Dasein begründet werden. Das Streben nach Sesshaftigkeit veranlasste aber erst die Wanderungen und Kämpfe, die innerhalb der römischen Militärgrenze unter Germanen selbst sich abspielten. Noch ums Jahr 200 waren die Sachsen in steter Bewegung und die Thüringer mussten erst von Sachsen und Franken besiegt werden, bis sie sich im 6. Jahrhundert im heutigen Thüringen und in der Maingegend niederliessen. Auch die Kämpfe an den limes selbst zwischen Germanen und Römern fanden erst ihr Ende mit dem Aufhören des römischen Reiches. Wie konnte aber da einesteils von den stets durch die Germanen bedrohten Römern in den Zehentäckern, andernteils von den unruhigen Germanen selbst ein rationeller Weinbau von grösserer Bedeutung betrieben werden! Spärlich mag

---

[1]) Varro I 7. „An den Ufern des Rheinstromes, wo ich als Befehlshaber einst gewesen, der Weinstock noch nicht einmal vorkam etc. etc."

[2]) Inama Sternegg, Deutsche Wirtschaftsgeschichte.

derselbe am linken Rheinufer von den schon lange vollständig durch die Römer unterjochten, teilweise auf hoher Kulturstufe stehenden Gallischen Volksstämmen[1]) und ihren Besiegern selbst betrieben worden sein, was z. B. an der Mosel im vierten Jahrhundert der Fall war. Auch die Ripuarier am linken Rheinufer hatten, wie aus ihren Gesetzen[2]) ersichtlich ist, Weinbau.

Anders stand es rechts des Rheines. Die Legenden der christlichen Missionäre führen uns da alle in öde Gegenden, von denen aus sich, meist nachdem ein Kloster gegründet war, das Christentum weiter ausbreitete. Der Wein, der zu den Misterien des Christentums unentbehrlich ist, musste aber in Schläuchen mitgetragen werden. Vom hl. Kilian (689 ermordet), dem Apostel der Franken und seinen Gehilfen Colonat und Totnan wird erzählt, dass sie im Frankenlande, wo heute der Obst- und Weinbau blüht, durch die dicksten Bergwälder dringen mussten, um in deren dazwischen liegenden Thälern die Bewohner aufzusuchen[3]).

---

[1]) In Gallien selbst, an der Loire, Garonne etc. etc., besonders aber im Süden, blühte der Weinbau schon seit Anfang unserer Zeitrechnung. Beklagt doch Plinius den römischen Luxus, indem er meint, dass sonst Gallien eine gute Ausfuhrquelle von Wein war, während jetzt die Gallischen Weine den Italischen fast vorgezogen würden. Die Biturische Traube etc. Ebenso ist der Rhätische Weinbau alt.

[2]) Ripuar. c. 16. „Si quis villam aut vineam, vel quamlibet possessiunculam ab alio compaverit".

[3]) Haas, Gesch. der Pfarrei St. Martin in Bamberg. Bamb. 1885.

Aehnlich lauten Erzählungen aus der Gegend zwischen Rhein und Schwarzwald.

In den heute deutschen Landstrichen südlich der Donau hatten allerdings die Römer ihre «agri decumates», welche mit alten, ausgedienten Soldaten, Flüchtlingen etc. bevölkert und wohl als Verbrecher-Kolonie benützt waren. Dieselben waren von Allemannen und anderen deutschen Stämmen immer beunruhigt, sodass es schwierig anzunehmen ist, dass dort zur Römerzeit Wein gebaut worden wäre. Dazu kommt aber noch, dass der da aus den Reben produzierte Saft einem römischen Gaumen sicherlich zu sauer gewesen ist. Sagt doch noch später Rumpler z. B. in Calamitates Bavariae[1]) über den Wein von Regensburg: Vineas raras esse nemo est qui ambigit, unde et vinum sola Regensburga exprimit, et cum hoc ita sit qualis lacu prelo et torculare opus non habes. Prohibent hanc rem proximi Bosphorei currus Algores. Si tamen offenduntur, acida sunt et acri saporis[2]). Die ersten Weinbergschenkungen, die durch die Merowinger den süddeutschen Klöstern geschenkt wurden, lagen noch in südlicheren Distrikten, von wo aus noch später

---

[1]) In rerum Boicarum scriptores.

[2]) Dagegen a. 649 schon sagt Aribo: „Regio Bajuvariorum vini ferax", worunter aber wohl nicht unser heutiges Baiern, sondern Teile von Deutsch-Oesterreich und Böhmen zu verstehen sind, in denen die Bajuvarii wohnten.

der Wein für den Tisch der Klosterherrn geliefert wurde [1]).

Aus dem Gesagten dürfte aber wohl zur Genüge hervorgehen, dass die Römer zur Verbreitung des Weinbaus im eigentlichen Deutschland direkt nichts beitrugen. Erst nachdem dieselben aus Germanien wieder geworfen waren, nachdem auch die aufgeregten Völkerstämme des langen Umherziehens, der fast unausgesetzten Kämpfe um neue Wohnsitze müde geworden waren und ihre bestimmten Landschaften bewohnten, nachdem also die sogenannte Völkerwanderung abgeschlossen war, konnten die friedlichen Gewerbe der Landwirtschaft, der Garten- und Weinbau Einzug in die deutschen Gauen feiern, mussten aber dann auch ihre Pfleger an die Scholle binden und in Frieden erhalten, um ihn kurze Zeit darauf in geistige und körperliche Knechtschaft zu zwingen.

Damit komme ich aber zu der berechtigten Ansicht Bodmanns [2]), der die Anfänge des Weinbaus im westlichen Rheingau in den Zeitraum der Austrasischen Regierung des Merowingischen Königsstammes setzt, entgegen Vogts [3]) und An-

---

[1]) Siehe die reizende Stelle in Schmellers bayrischem Wörterbuch unter Wein.

[2]) Rheingauische Altertümer.

[3]) N. Vogt, Rheinische Geschichten und Sagen. Die meisten hier in Betracht zu ziehenden Schriftsteller berufen sich auf Kaiser Probus etc., der für Deutschland von keinem, für Gallien von grösserem, vielleicht von grossem Einfluss auf die Donauländer war; siehe dazu Mommsens Ansicht in dessen Römischer Geschichte.

derer Ansichten, welche den ersten Anbau der Rebe den Römern zuschreiben.

Allerdings haben wir über die erste Periode der Sesshaftigkeit unserer Vorfahren zwischen dem Untergang des römischen Reichs und der Entstehung des germanischen nur spärliche Nachrichten. Denn die römischen Geschichtsschreiber hatten aufgehört zu schreiben, deutsche aber waren noch nicht vorhanden[1]), aber wir haben sowohl in den erwähnten Geschichtsquellen der Römer, wie in den später folgenden Urkunden der deutschen Klöster genügende Anhaltspunkte zu Schlüssen, die uns zur angeführten Behauptung leiten müssen.

Die Urkunden, Schenkungsbriefe oder Besitztums-Aufzählungen der Klöster sind es nun einzig und allein, auf welche sich die nachfolgende Betrachtung stützt. Ich habe alle mir zugänglichen Urkunden studiert, aber die feste Ueberzeugung, dass nur ein ganz kleiner Teil der vorhandenen und ehemals geschriebenen Urkunden in meinen Besitz gelangt ist. Denn wie viele sind im Laufe der Zeit durch Brände[2]) zerstört worden, wieviele

---

[1]) Inama Sternegg.

[2]) Roth, Beiträge zur Sprach-, Geschichts- und Ortsforschung Heft IX p. 175: „Würzburg büsste 855 unter dem Bischofe Gozbald durch einen Blitzstrahl und Dombrand seinen gesamten Urkundenschatz ein. Wir müssen uns also dahin wenden, woher halb Deutschland seine Urgeschichte empfängt, nämlich nach Fulda".

wurden während des 30jährigen Kriegs von den Klosterherrn vergraben oder vernichtet, wieviele bei der Säkularisation in Sicherheit gebracht und wie viele liegen heute noch in den Klosterbibliotheken begraben, in welche dem Forscher nicht um viel Geld Einsicht gestattet wird.

Trotzdem liefern die mir vorgelegenen Urkunden ein genügendes Material, um durch sie ein Bild von der Ausbreitung ev. auch der Entwickelung des deutschen Weinbaus gewinnen zu können.

Zuverlässig ergiebt sich aus ihnen, dass der Weinbau, nach den schon aufgestellten Grundsätzen, unter den Karolingern, also im ersten Jahrtausend unserer Zeitrechnung, seine grösste Ausdehnung über deutsche Landstriche gewonnen hat, weshalb auch das Jahr 1000 als Grenzstein angenommen wurde.

Vielfach wird Karl der Grosse als besonderer Förderer des Weinbaus hingestellt. Es kann das insofern zugegeben werden, als er ein Vorbild schuf. Seine Landgüter waren es insbesondere, auf denen die Landwirtschaft und der Gartenbau blühten, auf denen alle Neuerungen eingeführt, in welchen Pflanzen und Tiere seines grossen Reiches, von Süd und Nord, West und Ost gepflegt wurden. Dort mussten die Amtleute, wie aus seinen Kapitularien hervorgeht, die Weinberge, welche in ihren Verwaltungs-Bezirk fielen, selbst bewirtschaften und Stecklinge besorgen,

damit neue Weinberge angelegt werden konnten.
Dort wurden sicherlich auch die verschiedensten
Reben anderer Länder kultiviert und vielleicht
kam auch die Heunische oder Hunnische Traube
da nach Deutschland. Ausserdem wird aber auch
manches Stück Land zum Zwecke einer Wein-
bergsanlage in die Hände der Klöster oder eines
Getreuen gegeben[1]). Durch diese Mühewaltung
von den verschiedensten Seiten breitete sich der
Weinbau langsam aber stetig aus und vor allem
trug, wie schon eingangs erwähnt wurde, wesent-
lich der Umstand günstig bei, dass die Klöster
in der ersten Zeit deshalb, weil sie zu ihren
Religionsgebräuchen den Wein notwendig hatten,
später, weil ihre Bewohner ausgezeichnete Lieb-
haber desselben geworden sind, den Weinbau
besonders pflegten.

* * *

In folgendem sollen nun vorerst diejenigen
Verhältnisse ins Auge gefasst werden, unter denen
sich Weinberge in den Urkunden verzeichnet
finden, das heisst, unter welchen Umständen sie
verschenkt, vertauscht oder verkauft werden, oder
in welcher Weise der Wein als Abgabe geliefert
wird. Eine besondere Berücksichtigung haben
dann die Wein- und Weinbergsmasse erfahren.

---

1) Z. B. Cod. Laurish. anno 771 no. 1255: „locum ad
vineam faciendam"; a. 786 no. 544 vine I et I proprisum ad
ipsam vineam pertinentem etc.

Bezeichnung der Weinberge in den Kloster-Urkunden.

Wie im allgemeinen römische Sitten und Gebräuche mit römischen Wörtern teilweise direkt, teilweise durch Vermittelung der Klöster an die Germanen übergiengen, woher es auch grossenteils kommt, dass man vieles in Deutschland heute noch vorhandene als von den Römern direkt eingeführt betrachtet, so können wir auch an diesem Teile der deutschen Volkswirtschaft eine grosse Uebereinstimmung z. B. in den Massen nicht verkennen, trotzdem die urdeutsche Redlichkeit, die sich heute noch im Volke in Schätzungs-Massen kundgiebt, vielfach auftritt. Später wird jedoch näher ausgeführt werden, dass der Weinbau, wie er in alter Zeit gepflegt wurde und in vielen deutschen Gauen heute noch betrieben wird, nicht nach römischem Vorbilde gehandhabt ist.

In den Traditions-Urkunden, die auch hierzu das nötige Material liefern, findet sich eine genauere Angabe:

dass speciell ein Weinberg oder deren mehrere übergeben werden, wie vineam unam[1]) oder duas vineas[2]), dass jemand alle seine Weinberge, quidquid habet de vineis[3]) schenkt, oder dass er unam partem vineae[4]), einen Teil des Weinbergs giebt, dass er septem particulae vinearum[5]), 7 Weinbergs-Abschnitte schenkt. VIII partes vineas[6]), 8 Weinbergs-Abschnitte und unius vineae portionem findet sich ebenfalls[7]).

Die Bezeichnung des Weinberges als vinea ist die hervorragende, daneben tritt aber auch nicht selten vinetum auf. Beide Ausdrücke sind neben einander schon in der klassischen Periode der lateinischen Sprache vorhanden, scheinen sich aber mit dem Uebergange dieser Sprache in die Klöster in ihrer Bedeutung manchmal geändert zu haben.

Vinea oder vinia ist auch im Klosterlatein nichts anderes, als der offene, jedermann zugängliche Weinberg, als welcher er im Altertum bezeichnet war, das griechische ἄμπελον, οἰνόπελον, locus vitibus consitus, vel multitudo vitium simul

---

[1]) Dronke a. 753 Nro. 6.
[2]) Ebenda a. 795 Nro. 109.
[3]) Ebenda a. 790 Nro. 95.
[4]) Erath a. 985 Nro. 27.
[5]) Schaten.
[6]) Dronke a. 817 Nro. 338.
[7]) Ebenda a. 824 Nro. 448.

consitarum[1]). Unser deutsches Weinberg, Wingart, Wingert, Weingarten.

An einem anderen Orte giebt aber Cicero[2]) auch für vinetum, das griechische αμπελοφυτον, fast dieselbe Erklärung. Da heisst es: locus, ubi multitudo vitium consita est, locus vineis abundans. Columella gebraucht vinetum durchgehends wie vinea z. B. optima vinetis satio est. Forcellini giebt in seinem Lexicon totius latinitatis zur Unterscheidung zwischen vinetum und vinea folgende Erklärung: «Differe videtur vinetum a vinea ut totum a parte», also, wie das ganze zu seinen Teilen. Est enim vinetum plures vineas continens, es enthält das vinetum mehrere vineas. Forcellini möchte also für vinetum den Begriff eines Weinbergkomplexes annehmen und diese Erklärung kann wohl auch in den meisten Fällen vollkommen hinreichen. Wie kommt es aber, dass dann z. B. in Schenkungs-Urkunden an die Kirche von Quedlinburg[3]) «vineis, vinetis» zu gleicher Zeit in je einer Urkunde neben einanderstehend auftritt? Nach der Definition Forcellinis erscheint hier wohl «vineis» überflüssig, oder es hat Kaiser Otto III., von dem besagte Urkunden herrühren, ausser Weinbergskomplexen auch noch allein stehende, von den vinetis abgesonderte, einzelne Weinberge verschenkt.

---
[1]) Cicero, Seneca 15 ff.
[2]) Cicero ND 2, 66 ff.
[3]) Erath a. 985 Nro. 27 und a. 985 Nro. 29.

Meiner Ansicht nach unterscheidet sich vinetum von vinea wie hortus und ager. Hortus ist ein durch einen Zaun bestimmt abgegrenzter ager, vinetum ein ebenso beschaffener Weinberg.

Die übrigen auftretenden Bezeichnungen für den Weinberg sind leicht verständlich. Es findet sich noch plantarium vinearum[1]), eine Weinbergspflanzung; terra vinea[2]), Weinbergland; dann das Deminutivum für vinea, ein kleiner Weinberg, ist viniola[3]). Als eine Verkrüppelung von vinea oder viniola ist viniera[4]) zu betrachten. Eine besondere Charakteristik eines Weinberges ist vinea optima[5]).

Eine kurze Bemerkung soll noch betreffs der «vineis cultis et incultis» gemacht werden. Das kann nun heissen die gepflegten und nicht gepflegten oder auch die bebauten und nicht bebauten Weinberge. Es können also unter den vineis incultis brachliegende oder erst durch Rodung gerichtete Gelände verstanden werden. Nach der Zeitperiode, von der wir sprechen, sind wohl die letzteren darunter zu verstehen, zumal an anderen Orten, worauf später in den einzelnen Fällen hingewiesen wird, solche neu hergerichtete Plätze noch speciell erwähnt werden. In den

---

[1]) Wartmann a. 840 Nro. 382.
[2]) Dronke a. 803 Nro. 203.
[3]) Beyer a. 836 Nro. 64 und Dronke a. 804 Nro. 219.
[4]) Ebenda a. 924 Nro. 164.
[5]) Ried a. 852 Nro. 43.

meisten Urkunden finden sich die «vineis» oder «vinetis» ganz ohne alle weiteren näheren Bezeichnungen.

Von ganz wenigen Schriftstellern zu Anfang unseres Jahrhunderts, wo man sich mehr mit der Geschichte des Weinbaues der alten Zeit beschäftigte als heute, wurde angenommen, und es möchte das manchmal auch so scheinen, dass «vineis» oder «vinetis» nur der Vollständigkeit wegen in die allgemeine Formel für die Urkunden eingesetzt wurde.

Das betreffende Stück einer solchen Urkunde lautet beispielsweise:

«Dono hanc in ipsa villa in areis, mansis, casis, mancipiis, viniis, terris araturis, campis, pratis, silvis, pascuis, aquis aquarumque decursibus, cultum seu incultum mobilibus et immobilibus omnia quae in ipsa villa seu in ipsa marcha Uuacharenheim visus fui habere etc.»

Dass meine Annahme, an allen Orten, wo die «vineis» in dieser Weise erwähnt sind, ist auch Weinbau betrieben worden, eine berechtigte ist, stütze ich auf folgende Punkte:

1. Bei der Zusammenstellung aller derartiger Urkunden hat sich ergeben, dass vineae mit wenigen Ausnahmen nur bei solchen Orten angegeben sind, an denen auch vermöge ihrer Lage und klimatischen Verhältnisse Wein gebaut werden konnte und meist auch heute noch gebaut wird.

2. In ausserordentlich vielen anderen Urkunden ist nur z. B. «campis, pratis, silvis, aquis, aquarumque» erwähnt.

3. Die Advokati der Klöster und die Aebte sowohl werden sicherlich nicht so unvorsichtig gewesen sein, etwas als empfangen zu beurkunden, was ihnen nicht zugekommen ist, für das sie aber doch Rechenschaft abgelegt haben müssten. Auf der anderen Seite werden die Schenker oder Verkäufer gewiss nicht zugegeben haben, dass Liegenschaften in Verträge eingetragen worden sind, welche sie nie besessen hatten, welche aber unter Umständen dann noch nachträglich hätten gefordert werden können.

4. Bemerkt Wartmann Nro. 26 a. 762, dass auf der Original-Urkunde aus der Formel «vineis» ausgekratzt sei. Offenbar waren an dem betreffenden Orte Weinberge, aber sie wurden in der Schenkung an das St. Gallener Kloster nicht inbegriffen.

Nach dieser Auseinandersetzung darf ich mich wohl, wie es viele vor mir gethan haben, mit Recht in meinen Angaben auf das Vorkommen der Worte «vineis» und «vinetis» in den Urkunden stützen.

Weinbergsgrenzen, Wein und Weinmasse.

Ausser den erwähnten Angaben, die als mehr oder weniger unbestimmt zu betrachten sind, finden sich auch manche solche, in welchen Weinberge durch ihre **Lage**, besonders ihre **Grenzen**, dann aber auch durch **Masse** genau bestimmt sind.

Ein Rantoulf aus Worms z. B. schenkt einen Weinberg an das Kloster zu Fulda, den er durch Grenzen näher beschreibt[1]: «in pago Uuormacinsae in villa Batenheim, haec sunt fines de una parte sancti Martyni de alia parte sancti Martyni tertia parte via quarta parte Isangeri». Als Grenzen dieses angegebenen Weinbergs bestanden also von 2 Seiten Besitzungen der Kirche des hl.

---

[1] Dronke a. 756 Nro. 11 a. Diese Angaben finden sich in heutigen, amtlichen Urkunden noch vielfach beibehalten. So z. B. Amtsblatt f. Reutlingen a. 1885 Nro. 89 aus einem öffentlichen Verkauf: „$^6/_8$ Mrg. 5,8 Rth. (Weinberg) im Staiglen, neben August Müller, Bankier und Gottlob Göbel, Rothgerber eigen."

Martin, von der dritten Seite ein Weg, und von der vierten ein Besitztum eines Isangerus.

Eine häufig wiederkehrende Bezeichnung des Weinberges besteht in der Angabe der Lage desselben, z. B. in den Marken eines bestimmten Dorfes etc. Es findet sich z. B. «vineam I in murum Mogontiae»[1]), also ein Weinberg innerhalb der Mauern von Mainz; auch in Pingu marca[2]) etc. Eine Bezeichnung, wie wir sie auch heute noch finden, ist «der Weinberg im Graben», «in fossione vinearum unum»[3]) (einer von den Weinbergen im Graben). Wie wir heute noch sagen, ein Weinberg im Teufelskeller, am Stein etc. Die «in planis vinee»[4]) oder «in campis vineis»[5]) zeigen Weinberge in der Ebene an. Dass man im neunten Jahrhundert noch sehr wenig mit Grenzsteinen und anderen Grenzmerkmalen zu thun hatte, wird wohl klar durch den Ausdruck «I vineam in terminis»[6]) ausgedrückt. Es galt gleichsam als eine Merkwürdigkeit, dass der betreffende Weinberg durch Grenzen bestimmt war. Wenn es sich dann um die Art der Einfassung handelt, so werden wir am besten Döderlein folgen, der annimmt, dass als solche Steine und Pfähle verwendet wurden.

---

1) Dronke a. 758 Nro. 20.
2) Ebenda a. 757 Nro. 15.
3) Wartmann a. 809 Nro. 203.
4) Mohr a. 966 Nro. 62.
5) Dronke a. 803 Nro. 158.
6) Ebenda a. 228 Nro. 478.

In den Urkunden, in welchen genaue Masse der Weinberge angegeben sind, werden sie ausgedrückt:

1. durch das Flächen- oder auch nur das Längenmass;
2. durch den Ertrag;
3. durch die Arbeitskraft der Menschen, welche zur jährlichen Bestellung notwendig sind.

Von den Flächenmassen ist als Einheit das jugum[1]) anzunehmen.

Es bedeutet jugum ursprünglich ein Joch Ochsen, d. h. zwei Ochsen, die durch ein Joch verbunden sind. Uebertragen heisst es dann das Feld, welches an einem Tage mit 2 Ochsen bepflügt werden kann (Tagwerk). Das ist ein Stück Land von 68,7 Meter Länge und 34,3 Meter Breite[2]).

Neben jugum findet sich aripennis[3]) häufig als Weinbergsmass. Aripennis, arrepennis, arapennis, aripendium ist ein halbes jugerum, nach anderen ist es nur 31,3 Meter lang[4]).

---

[1]) Jugum (juchum), später jiuchert, dann Juchart, Juchert, Jauchert, Joch.

[2]) In Baiern war ein Jauchert = 2 Morgen oder Tagwerk. 400 Qu.-Ruthen = 34,0727 Ar, in der Schweiz werden dafür 36 frz. Ar angenommen etc. Vergleiche damit Zeeb und Martin, Handbuch der Landwirtschaft. Anhang p. 847.

[3]) Erath a. 835 Nro. 62.

[4]) Wir finden dasselbe Wort als arpent als altfranzösische Massbezeichnung, dann in England und heute noch in Nordamerika. The orchard occupies nine arpent on the western (VII Report of the Montreal Horticultural Society p. 142).

Zuweilen ist nur die Länge des Weinbergs angegeben. So z. B. «vineam longitudine virgarum IX» etc. Es ist als Längenmass virga, die Rute = 7,4 Meter benützt.

Ein merkwürdiges Mass und wohl weder mit neueren noch mit älteren Massen in irgend welchen Einklang zu bringen, ist die pictura. Dieselbe kommt ziemlich häufig vor und mag wohl im allgemeinen geläufig gewesen sein, da selbst die Weinbergs-Arbeiten picturae[1]) genannt werden.

Ferner wurden z. B. tres picturae[2]) und Picturae vinearum[3]) abgegeben.

Das am häufigsten auftretende Mass ist das nach dem Ertrage. Ob hier jedoch eine Durchschnittszahl bestimmt war oder ob auf Geradewohl gemessen worden, lässt sich nach der wohl verschiedenen Grösse der Masseinheit für die einzelnen Gegenden nicht bestimmen. Der Weinberg wurde nach carrada gemessen.

Carrada[4]) oder carrata = onus carri, quantum carro vehi potest, soviel Wein, als man auf einem Karren fahren konnte.

Vermutlich haben unsere Vorfahren in ihrer carrada, wenigstens soweit dieselbe als Weinmass

---

[1]) Eckart: «Ibi sunt homines I. qui picturas faciunt». Siehe auch bei Anton.

[2]) Beyer Nro. 118.

[3]) Schaten.

[4]) Erath a. 937 Nro. 5; Beyer a. 835 Nro. 62; Dronke a. 816 Nro. 325.

benützt wurde, ein bestimmtes Mass gehabt, denn sie teilen dieselbe in 30 situlas. So heisst es «de vino carradam I, id est situlas 30»[1]); da nun aber situla ursprünglich jedes zum Wasserschöpfen benützte Gefäss war, bleibt uns auch die Grösse dieses Masses unbekannt. Ein nach unseren heutigen Begriffen angewendetes Mass dürfte die carrada nicht gewesen sein, da auch Wiesen nach dem von denselben gewonnenen Gras mit ihm gemessen wurden.

Eine bedeutende Rolle spielt das «sicla» insbesondere als Biermass (vielleicht die bairische «Seidel» = $^1/_2$ Mass), kommt aber auch nicht selten zum Messen des Weines und der Weinberge vor, z. B. «de vinea, quod ad XX siclas sufficit»[2]) oder «unam partem de vineae etc. XX siclas curiales de vino»[3]). Die Annahme wird wohl berechtigt sein, dass sicla nur eine Verstümmelung von situla ist oder umgekehrt.

Am seltensten findet sich als Mass die zum Bebauen eines Weinberges erforderliche **Arbeitskraft von Menschen**. Es wird z. B. von Toto an den Abt Grimald von St. Gallen zu Au im Landamt Freiburg i. B. ein Weinberg vertauscht «unius hominis labore procurandem»[4]), ein Weinberg, der die Arbeitskraft eines Mannes beansprucht.

---

[1]) Ried a. 889 Nro. 69.
[2]) Dronke a. 816 Nro. 320.
[3]) Wartmann a. 750 Nro. 126.
[4]) Ebenda a. 868 Nro. 534.

Die Ausdehnung des Weinbaus bis zum Jahre 1000.

Wie schon früher bemerkt wurde, würde es trügerisch sein, zu vermuten, dass nur an den Plätzen, welche in folgendem angeführt werden, Weinbau getrieben worden wäre. Ebenso liegen in sehr wenigen Fällen Beweise vor, dass dort in dem betreffenden angegebenen Jahre der Weinbau erst begonnen wurde. Die Urkunden, auch hierfür die einzigen Quellen, sagen uns nur, dass an dem betreffenden Orte Wein gebaut wurde. (Eine ganz enorme Menge von Orten mit Weinbergen findet sich z. B. nach der Gründung des Klosters Fulda anno 744. Wenn nun verschiedene Schriftsteller am Anfang unseres Jahrhunderts die Ansicht aussprechen, dass gerade um Mitte des achten Jahrhunderts sich der Weinbau unter Karl dem Grossen besonders ausdehnte, so hat das eben seinen Grund darin, dass ihnen wenige Klosterurkunden ausser den Fuldaern zu Gebote standen und in diese Zeit gerade die Gründung und ausserordentlich reiche Dotierung von Fulda fällt.) Trägt man alle folgenden Plätze in chronlogischer Reihenfolge in eine Karte ein, wie ich es gethan habe, so erhält man ein Bild, welches Inama-Sterneggs Behauptung rechtfertigt, dass der Weinbau von Westen, Süden und Osten her die Flussufer emporstieg. Dieselbe Karte kann aber auch zu Irrtümern verleiten. Es ist selbstverständlich, dass den Klöstern daran gelegen war, ihre Weinberge so nah als möglich zu besitzen; daher kommt es auch, dass um ein Kloster oder eine Kirche herum die Orte mit Weinbergen viel mehr gehäuft sind, als in anderen Landstrichen. Meiner Ansicht nach geht man aber irre, zu vermuten, dass von den Klöstern aus der Weinbau in späteren Jahren in der Weise gefördert wurde, dass er nur in deren Umgebung zu hoher Blüte gelangte. Mit besonderer Vorsicht muss in den Fällen zu Werke gegangen werden, wo es sich darum handelt, dass kleinere Klöster in den Besitz oder unter die Botmässigkeit grösserer gestellt werden. Wie Fulda z. B. grosse Besitztümer am Rheine hatte, so wird das ebenso bei anderen Abteien gewesen sein, und wenn z. B. die Kirche von Münster an Fulda mit Weinbergen kommt, so ist damit noch nicht erwiesen, dass um Münster selbst auch Weinberge vorhanden waren. Die Weinberge können ebenso gut am Rheine gelegen haben.

Die ersten Orte, in deren Nähe Weinbau getrieben wurde, finden sich in der Umgegend von Strassburg. Dieselben kommen an das eben gegründete Kloster Haslach[1]. Die Urkunde ist vom Jahre 613. Die Orte sind Kirchhaim cum suburbiis, **Marley** (Marly), **Vene** (Fengenheim), **Virdenheim** und ein **Vallis coronae**.

Dann folgt 628 nach anderen 638 — und von wenigen wird die Urkunde als gefälscht bezeichnet — der Lobdengau (die Gegend um Ladenburg am unteren Neckar) als erste rechtsrheinische Gegend mit Weinbau. Das ist leicht denkbar, dass in dieser herrlichen Gegend der Bergstrasse der Weinbau zuerst festen Fuss gefasst hat. Im Jahre 634 bestätigt König Dagobert dem Erzbischof Modoald zu Trier alle Rechte und Güter seiner Kirche, darunter auch Weinberge am Rhein[2], an der Loire und der Mosel. Diese Urkunde lässt uns schliessen, dass am Rhein — und wohl dürfte hier nur das linke Ufer gemeint sein — der Weinbau schon bedeutende Ausdehnung hatte. Leider sind die betreffenden Orte nicht angegeben. 636 findet sich ebenda das Testament eines Diakonus Grino, der an Trier «vineas quantascunque» vermacht. Wo, ist auch hier nicht angegeben. In der Gründungsurkunde des Klosters Weissenburg im Elsass vom Jahre 644 ist eine Anzahl von heute meist nicht mehr bestehenden Orten im Süden der heutigen Rheinpfalz verzeichnet.

---

[1] Schöpflin. Nro. 23. Die betr. Orte sind in Alsat. illustr. tom I p. 650 näher bezeichnet.
[2] Beyer.

Es sind Morchinhouuen (O. v. Weissenburg), Altenherde (O. v. W.), Geboldeswege (O. v. W.), Lutre (Laer b. Dissen, S. v. Osnabrück), Lutenbach (Lautenbach im Ober-Elsass), Grunenbrunnen (W. v. W.), Buozdingeshurst (O. v. W.), Juvenesdal (ein Thal O. v. W.), Warsbach (unbekannt), Bodemelosen Stamphe (S. v. W.), Berenbach (Bärenbach NW. v. W.), Oterichesceit (unbekannt), Sebach (S. v. W.), Kichdale (unbekannt), Ingoldeshahe (S. v. W.), Bedebur (S. v. W.), Erlebach (Erlembach bei Schlettstatt) und Eichineberc (N. v. W.)[1].

646 finden sich Weinberge bei Machara[2] (Grevenmachern in Luxemburg), Corniche (Körrig b. Meurich Kr. Saarburg), Baldebrunno (im Moselgau), Hildenesheim (Hillesheim Kr. Daun), Waleheim (im Moselgau), Speia (lag bei Zell a. d. Mosel) und Bruneche (Breunich, Bistum Trier).

Damit schliessen die mir bekannten Urkunden, welche fürs siebente Jahrhundert Weinbau in Deutschland bezw. in heute deutschen Gebieten anzeigen. Wie ich schon eingangs bemerkt habe, dürfte auch in diesem Jahrhundert der Weinbau ins Innere des rechtsrheinischen Deutschlands noch nicht vorgedrungen sein. Im achten Jahrhundert dagegen zeigt sich eine ganz bedeutende Zunahme von Orten mit Weinbau in den Ur-

---

[1] Schöpflin Nro. 20.
[2] Beyer.

kunden, was selbstverständlich auch damit zusammenhängt, dass im Jahre 744 die Abtei Fulda gegründet wurde, welche von Hoch und Nieder so überaus reich mit Landschaften aller deutschen Gauen beschenkt wurde. Bis ins Herz von Württemberg und Baiern, nach den links- und rechtsrheinischen Ufern und nach Thüringen dehnten sich seine Besitzungen aus, über welche noch die zahlreichen Urkunden vorhanden sind.

Im Jahre 708 tritt Steinfeld[1]) (Steinfeld B. A. Bergzabern) und Cella (Zell B. A. Kirchheimbolanden) mit Weinbergen auf. Zwischen den Jahren 716 und 720 treten zum ersten male rechts des Rheines im badischen Oberrheinkreis zu Eberingen[2]) (Ebringen) und Openwilare (Pfaffenweiler im Breisgau bei Freiburg) solche auf. 720 kommt an das Kloster Prüm durch Schenkung: bettelingas (wohl Betteldorf bei Aremberg), saraingas (unbekannt, an der Mosel), burzis (Portz b. Meurich, Kreis Saarburg), blancio (unbekannt).

Ungefähr ums Jahr 731 kommen die ersten Weinberge mit bestimmter Ortsangabe im Gebiete der mittleren Donau vor. Dieselben werden vom Kloster Nieder-Altaich gewonnen und waren bei: villa Pogana (Bogen links der Donau), Hugipertingahova (wahrsch. S. v. Straubing am Inn), selbst mit den nötigen Weingärtnern (cultoribus),

---

[1]) Beyer Nro. 8.
[2]) Neugart Nro. VII.

Plidmuntinga (Pleinting an der Donau) und Spiz (b. Krems, Oesterr., an der Donau). — 748 findet sich Putilespah[1]) (Putzenbach a./Rott, Niederbaiern).

751 erhält St. Gallen[2]) die Orte Vahcinchova (Wahinkofen) und Laidolvinchova (Laidikofen) im badischen Oberlande, zwei Orte, die nicht mehr vorhanden sind, dann 752 ebenda Anghoma (Angenstein), Corberio (vermutlich Görbel), und Lollinga (Nollingen) im badischen Bezirksamt Säckingen mit Weinbergen.

Das Kloster Fulda[3]) erwirbt sich am 18. Januar 753 im Gebiete von Mainz und dem südwestlich davon gelegenen Bretzenheim (Prittonorum villa) Weinberge für 15 Pfund 7 Unzen in Gold oder Silber und Toalbach[4]) (Thulbach an der Isar) wird in demselben Jahre an Freising vererbt.

756 gewinnt wieder Fulda[5]) eine Reihe von Weinbergen im Rheingebiete und zwar bei Truhtmaresheim (Drommersheim, Hessen), Wuacharen-

---

[1]) Chronicon Lunaelacense pg. 5. In der Urkunde kommt allerdings nur ein vinitor Kerhelm unter den Zeugen erwähnt. Die Annahme darf aber wohl als berechtigt gelten, dass da, wo Weingärtner sind, auch Weinberge nicht fehlen werden. Denn eine andere Bedeutung wird wohl dem Worte vinitor nicht beigelegt werden können.
[2]) Wartmann Nro. 14 und Nro. 15.
[3]) Dronke Nro. 6.
[4]) Meichelbeck pag. 52.
[5]) Dronke Nr. 10—16.

heim (Wackernheim zwischen Bingen und Mainz), Batenheim (Bodenheim zwischen Oppenheim und Mainz), Deinenheim (Dinnheim bei Worms), ferner 757 in Pingu marca (wohl bei Bingen) und Bodobriginse (Boppard). Die Gegend von Wackernheim, Dinnheim und anderen Orten, an denen heute noch ein vorzügliches Gewächs erzeugt wird, kehrt in den Fulda'schen Urkunden später oft wieder. Wohl ein Beweis dafür, dass damals schon dort ein sehr guter Wein gewonnen wurde, der die Aufmerksamkeit der Klosterherrn im reichsten Masse auf sich zog.

Ebenfalls 757 erhält St. Gallen[1]): Habuhincsheim (Habsheim b. Mühlhausen), Campiduna (Gross Kembs am Rhein), und Rodulfowilare (Randolzweiler), dann 758 Aguringas[2]) (Egringen), Onninchova (unbestimmbar) und Müllheim (Grossherzoglich badische Oberamtsstadt), cum vineis.

Zwischen Main und Jaxt muss in dieser Zeit ebenfalls schon ausgedehnter Weinbau betrieben worden sein, da die dort gelegenen Ländereien im Jahre 759 schon Wingarteiba[3]) genannt wurden.

762 findet sich Ailaghoga[4]) (Elgg), bei welchem Ortsnamen, wie schon oben angeführt ist, in der Originalurkunde das «viniis» ausgekratzt ist, was

---

[1]) Wartmann Nro. 21.
[2]) Ebenda Nro. 23.
[3]) Förstemann.
[4]) Wartmann Nro. 26

aber sicher nicht ausschliesst, dass sich an diesem Platze Weinberge befanden.

Die erste Schenkung an das Kloster Lorsch, das um die Mitte des achten Jahrhunderts auf der Insel Aldenmünster an dem Flüsschen Weschnitz (Wisgaz) gegründet wurde, enthält anno 763 Weinberge bei Hagenheim[1]) (im Gebiete von Worms).

765 erhält die Abtei Prüm eine Anzahl von Orten in der Gegend von Rouen. Wenn diese Orte auch nicht in Deutschland und nicht in der Nähe von dessen Grenzen liegen, und in einem Lande, dessen Weinbau sicher schon 800 Jahre vorher bestanden hatte, von dem man selbst vermuten kann, dass da, bei Marseille, schon von den Phöniciern Weinberge angelegt wurden, so führe ich dieselben hier doch an, um einesteils zu zeigen, dass unseren Klöstern auch ferneliegende Weinberge und Güter willkommen waren. Andernteils erheischt der Weinbau von Rouen unser Interesse in demselben Masse, wie der englische[2]), da in beiden Ländern derselbe heute vollständig aufgehört, wogegen dort allenthalben der ausgedehnteste Obstbau[3]) Platz gegriffen hat.

---

[1]) Cod. dipl. Laurish.

[2]) Das Domesday book aus den Jahren 1000—1100 enthält eine sehr grosse Anzahl von Weinbergen im Besitze der englischen Krone.

[3]) Der Obstbau der Normandie liefert den in Frankreich so beliebten Cider für das ganze Land und teils auch nach England. Viele Cideräpfel und Birnen haben die Normandie als ihre Heimat.

Die betreffenden Orte sind druuio, patriciaco, cuptiago, queuo, bursinas, balatiago, piriallo, dimisiniago. — Ebenfalls 765 gewinnt Fulda bei Worms in castra Pinginse[1]) (an der Mündung der Nahe in den Rhein), dann bei Sauuuilenheim (Saulheim in Rheinhessen), 770 Fridolfesheim[2]) (Fridelsheim im Bezirk Speyer), Weinberge. .

Zum ersten male scheint auch in diesem Jahre der edle Deidesheimer würdig gefunden worden zu sein, denn Didincsheim[2]) (Deidesheim) kommt mit Ginanheim (Genheim) cum vineis an Fulda, nachdem schon 767 Buchrolare erworben war.

In dieser Zeit streckt Fulda seine Hand auch nach Mainischem Rebenblute aus. Im Jahre 770 gewinnt es Munirihestat[3]) (Münnerstadt) und Haholtesheim (Halsheim S. v. Hammelburg a./Werra) mit Weinbergen. Damit ist auch v. Eckarts Angabe, «prima mentio vinearum in Franconia» von Hamalunburg[4]) (Hammelburg), das erst 777 auftritt, hinfällig. 771 kommt Petronivilla (Pfeddersheim bei Worms), 772 Fisgincas[5]) (Fischingen im Breisgau), Perge[6]) (Perg, Oesterr. ob. d. Enns)

---

[1]) Dronke Nro. 26.
[2]) Ebenda Nro. 31.
[3]) Ebenda Nro. 32.
[4]) v. Eckhart Tom I. pag. 645. Nacherzählt von Johann Christian Fischer, Der fränkische Weinbau auf dem Felde und im Keller 1791 und aus letzterem entnommen von Thudichum.
[5]) Neugart Nro. 51.
[6]) Meichelbeck Nro. 30 pag. 46.

vineis, ‹cum colones earum› etc., 773 Hrochesheim¹) (Roxheim S. v. Bingen), Nubenheim²) (Nieheim NO. v. Paderborn) zum ersten male mit Weinbergen vor.

775 schenkt Karl das Kloster Holzkirchen³) bei Waldsassen mit seinen Weinbergen an Fulda. In demselben Jahre erhält Fulda einen Weinberg in Bretzenheim⁴) bei Mainz und 776 besitzt schon Clingenburc⁵) (Klingenberg in Unterfranken) Weinberge.

777 kommen zwei Weinberge bei Ascha⁶) (Aschau, Hausruckviertel) mit drei Weingärtnern in der Gründungs-Urkunde von Cremsmünster, dann die schon erwähnten von Hamalunburg, ferner solche bei Tittilesheim Uuillium⁷) (heute eine Wüstung N. v. Heidelberg) vor.

778 verkauft Imma ihre Ländereien und Weinberge von Ehinhaim⁸) (Ehenheim, SW. v. Strassburg), Uualabu (Valb SW. v. Strassburg), Eringinsasheim (Kraut-Engersheim SW. v. Strassburg),

---

¹) Dronke Nro. 42.
²) Ebenda Nro. 43.
³) Dronke Nro. 51. Es möge hier die früher gemachte Bemerkung betreffs der Uebergabe von Klöstern unter die Oberhoheit anderer gelten, trotzdem hier anzunehmen ist, dass Holzkirchen selbst auch Weinberge in seiner Nähe besass.
⁴) Dronke Nro. 52 s. a. prettonorum villa.
⁵) Diplomataria et scriptores historiae Germanicae.
⁶) Monumenta boica Buch III 2.
⁷) Dronke Nro. 61.
⁸) Ebenda Nro. 61.

Rodasheim (Rosheim SW. v. Strassburg) und bei Strassburg selbst, an Fulda.

Im heutigen Württemberg treten zum ersten male 779 Weinberge auf und zwar in einer Gegend, in welcher heute der Weinbau keine Rolle mehr spielt, wo aber bewaldete Hügel noch heute vielfach als «Weinberge» in der Tradition fortleben. Die Orte lassen uns schliessen, dass der Weinbau von Ladenburg aus den ganzen Neckar herauf schon um sich gegriffen hatte und selbst die Ufer von dessen Nebenflüssen schon mit Weinbergen bekränzt waren. An Fulda kamen 779 mit Weinbergen folgende Orte: Hohdorf[1]) (wohl Hochdorf O.-A. Waiblingen), Gruoninga (Gröningen O.-A. Crailsheim), Ingiheresheim (Ingersheim O.-A. Crailsheim), Feinga (Vaihingen), Stangbach (Stangenbach O.-A. Weinsberg), Uulfinga (wahrsch. am Kocher), Adaloltesheim (unbekannt), Uuachalinga (Wachingen O.-A. Riedlingen), Bunninga (unbekannt), Luutra (Laudenbach bei Niederstetten). — Im gleichen Jahre finden sich Weinberge bei Turenheim[2]) (Dauernheim in der Wettereiba). Ebenfalls 779 bestätigt Karl der Grosse die Stiftung und Dotierung seines Proavus Pippin II. an das Kloster in novo castello[3]) (Chévremont bei Lüttich). In dieser Urkunde finden sich die «vineis» neben einer Reihe von Orten,

---
1) Dronke Nro. 62.
2) Ebenda Nro. 76.
3) Quix Nro. 1.

die in der antiqua francia, heute Nordholland, gelegen haben. Ich führe dieselben nicht an, da ich nicht glauben kann, dass man je in Holland, den Provinzen texandria, bragbando etc. Wein gebaut hat. Erst 785 treten wieder im Elsass die Orte Osthaim[1]) (Ostheim Arr. Colmar) und Coneshaim (Kiensheim NNW. Colmar) mit Weinbergen auf. Ferner kommen 786 an Lorsch[2]) Weinberge in Bellingurae marcha (Billings bei Reinheim), ad Caspenze (die Gersprinz Nbfl. des Mains), in Walenesheim (Welzheim Bez.-A. Alzenau), im Nitachgowe ad Horeheim (Harheim in Nassau), ad Gronowa (Gronau a./Nidda NO. v. Frankfurt), ad Thurchilawilla (Dortelweil bei Frankfurt), in pago Loganhehe ad Saltrissa (Selters b. Weilburg a./Lahn), ad Dabornaha (unbekannt, vielleicht Dauborn A. Limburg), und in pago Wormaciense ac Mogontia civitate ad Odenheim (Edigheim NW. v. Mannheim), Nubenheim (Neuenheim a./Neckar), und Mumenheim (Mommenheim Kr. Mainz). 788 schenkt Voto seine Besitzungen mit den Weinbergen im Elsass an Fulda[3]) und zwar zu Scaftolfesheim (Schäffolsheim W. v. Strassburg), Strassburg, Wigfridasheim (unbekannt), Hantscohasheim (Handschuchsheim, W. v. Strassburg), Alabrunnen (Altbrunn,

---

[1]) Dronke Nr. 82.
[2]) God. Laurish Nr. XII.
[3]) Dronke Nr. 89.

W. v. Strassburg), Barru (Barr, SW. v. Strassburg) und Hunzolfeshaim (unbekannt; vielleicht Hundsheim Reg.-B. Koblenz). Dann Hirtungheim (Hurtigheim, W. v. Strassburg), Hughilaheim (Höckelm in Westfalen, SO. v. Münster), Niufera (Niffern, NW. v. Strassburg) und Scaca (unbekannt).

790 tritt Merishusum[1]) (Merzhausen im Breisgau) mit Weinbau auf. In demselben Jahre erhält Prüm von Karl dem Grossen grosse Güter mit Weinbergen in Nassau[2]) an folgenden Orten: Caldenbach (Kaltenholzhausen), squalbach (Burgschwalbach), boumhaim (lag bei Kirberg) und haonstat (Hahnstätten).

791 findet sich ein Weinberg in der Markung von Eburuuinesheim[3]) (unbekannt, vielleicht Ebersheim, S. v. Mainz), 793 ein solcher in Elisanhaimu marcu[4]) (Elsheim, SW. v. Mainz). 794 erhält der hl. Willebrord von Karl d. Gr. wiederholt die Villen Dreyhz (unbekannt) und Officin (unbekannt) mit Weinbergen.

796 tritt zum ersten male Heppenheim[5]) (Heppenheim a./Rh.) mit Weinbergen auf, ferner Sulz-

---

[1]) Neugart Nro. 111 und Wartmann Nro. 126.

[2]) Beyer Nro. 35.

[3]) Dronke Nro. 102.

[4]) Ebenda Nro. 106. Es ist in der Urkunde »vineis« wohl nur auf Elsheim zu beziehen.

[5]) Dronke Nro. 138 »III vineas«.

heim¹) (nach Förstemann entweder Obersülzen, SW. v. Worms, oder Niedersülzen, W. v. Worms, oder Sulzheim, O. v. Kreuznach) und Arahesheim (Harxheim in Hessen). 798 kommen die elsässischen Orte²) Alabrunnen (Altbrunn W. von Strassburg), Beroldasheim (Berstheim, W. von Strassburg), und Talaheim³) (Dalheim, SW. von Oppenheim) mit Weinbergen vor.

Salzburg erhält in demselben Jahre in Chruchunperck⁴) (Krukenberg b. Donaustauf) vineas duas cum vinitoribus suis und zwar hat offenbar dort der Weinbau erst kurze Zeit zuvor begonnen, da es in der Schenkungsurkunde ausdrücklich heisst: «in loco qui dicitur chruckunperck in quo nunc sunt plantagines vinearum institute etc.» 799 gewinnt dieselbe Kirche Herigisingac⁴) (nach Huber Hörgassing bei Tasching in Oberbaiern).

Ums Jahr 800 kommt auch zum ersten male Assmannshausen zur Geltung. Dort soll man bis 1740 Weisswein gebaut haben und erst in diesem Jahre habe man wegen der Widerstandsfähigkeit der Reben gegen den Frost den Anbau von Reben, die roten Wein geben, letzteres Ge-

---

¹) Dronke Nro. 114 «uineam unam quae est ab uno latere sancti Bonifatii ab alio» etc.
²) Ebenda Nro. 148.
³) Ebenda Nro. 149.
⁴) Juvavia und Keinz, Indiculus Arnonis.

wächs vorgezogen¹). Das Kloster Lorch wurde der glückliche Weinbergbesitzer von «Huson» in pago Rininse und erhielt dort zuerst journales tres vinearum und später, im zehnten Jahrhundert noch mansos III cum hubis suis, quorum quelibet dat urnam vini.

Im Jahre 801 werden zum ersten male Weinberge bei Longastesheim²) (Lonsheim, N. von Alzey), Hufileibesheim (Hüffelsheim, SW. von Kreuznach), Geboldeshusum (i. d. Gegend von Kreuznach), Graolfesheim (Grolsheim, SO. von Bingen) erwähnt.

803 finden sich solche bei Umanesheimero marcu³) (Einsheim, S. v. Oppenheim), Tulgesheimoro marcu (Dolgesheim, SW. v. Oppenheim), Dubilesheim (Diebolsheim, NO. von Schlettstadt), Friesenheim (Friesenheim, NO. v. Schlettstadt), Uuilare (Weyer bei Runkel in Nassau), Ley (Ley, Reg.-Bez. Koblenz).

805 erhält Lorsch Winenheim⁴) (Weinheim, SO. v. Lorsch), Geizefurt (unbekannt), Sodeia (unbekannt), Gannita (Gent, NO. v. Nimwegen), Bibifloz (Biblis, Hessen-Darmst.), Wattenheim (Wattenheim b. Lorsch) und Zullestein (unbekannt) mit Weinbergen. In den nächsten Jahren findet

---

¹) F. W. Roth, Geschichtsquellen aus Nassau.
²) Dronke Nro. 168 ff.
³) Ebenda Nro. 177 «duas vineas, unam in Umanesheim etc. alia vinea est in Dulgesheim» etc.
⁴) Cod. Laurish. Nro. 27.

sich eine Anzahl von Orten, die schon früher
erwähnt wurden und erst 813 kommt dann Ge-
minesheim[1]) (Gimsheim, SO. Guntersblum) zum
erstenmale mit Weinbergen vor. Zwischen den
Jahren 810—815 treffen wir auch Weinberge bei
Grunzwita[2]) (vielleicht Grünzing b. Wien), 816 zu
Helise[3]) (unbekannt ultra Rhenum), Franchonfurt
(Frankfurt a./M.), Stetin, (Stetten b. Würzburg)
und Horaheim (Harheim a./Nidda, N. v. Frankf.);
dann 817 zu Uuolfhah[4]), 820 zu Massenheim[5])
in pago Kunigesuntere (Dorf in Nassau, A. Hochheim) und Buckingas[6]) (Buggingen, Bez.-A. Müllheim), 823 zu flakonheim in pago Wormacensi
(Flonheim, Kr. Alzey, Rheinhessen), Wilare (Weiler b. Bolanden i. d. Rheinpfalz), Leiuurdesheim
(Frei Laubersheim in Rheinhessen) und buccun-
heim (wohl Bockenheim b. Mainz).

---

[1]) Dronke Nro. 282.
[2]) Juvavia.
[3]) Dronke Nro. 325 b, in der betreffenden Urkunde heisst
es: •etc. Sed ed illi nobis de rebus suis dederunt juxta fiscum
nostrum Franckonfurt quasdam proprietatis in villis quarum
uocabula sunt Horheim et Stetine · habentes inter utrasque mansos XXXVIII cum fonte ad salem faciendum · quantumcunque
eorum portio ibidem est · et cum silua communi que omnia
sunt in pago Nithegou super fluuium Nita · necnon et iuxta
Bingam uineam unam · ubi potest colligi uinum ad duas carradas · et ultra Renum in loco qui dicitur Helise mansellos
duas cum uineis · in quibus potest colligi uinum ad sex carradas.•
[4]) Dronke Nro. 358.
[5]) Ebenda Nro. 390.
[6]) Wartmann Nro. 257.

824 treten zu Bruom¹) (unbekannt, b. Boppart), Feldum (unbek., b. Vilmar), Barnbehhiu (Bermbach A. und b. Weilburg) in litore Huuilinu zum ersten male Weinberge auf, ebenso bei Omunheim²) (unbekannt).

826 treffen wir bei cluzirado³) (Clüszerath b. Schweich, Ldkr. Trier), adinesheim (Idesheim, Kr. Bitburg), Uttingon (Hüttingen b. Metterich, Kr. Bitburg), metriche (Metterich, Kr. Bitburg), isinacha (Eisenach bei Welschbillig, Kr. Trier) Weinberge, welche mit den betreffenden Orten gegen folgende, ebenfalls mit Weinbergen verzeichnete, an Prüm übergehen: dossenheim (Dossenheim an der Bergstrasse bei Heidelberg), robach (Raubach b. Erbach), wibiligunt (Wieblingen am bad. Neckar); 827 werden Adalram und Hato verpflichtet, jährlich unam carram de vino zu Perge⁴) (Berg, Kanton St. Gallen) an St. Gallen zu liefern.

Weniger Interesse für unsere Betrachtung verdienen die an das Kloster Nieder-Altaich 830 fallenden Weinberge in der Wachau⁵) an der Mystrika, wo wohl schon zu Zeiten der Römer Wein gebaut wurde. Dasselbe Kloster erhält in demselben Jahre auch noch Accussabach (Aggs-

---

¹) Dronke Nro. 395.
²) Ebenda Nro. 435.
³) Beyer Nro. 58.
⁴) Wartmann Nro. 304.
⁵) Monum. Niederalt. in Monum. boica XI Bd. Nro. 5.

bach a. d. Donau) mit Weinbergen. St. Gallen erhält 830 Pottinchovum[1]) (Bottikofen im Kanton Thurgau) mit Weinbergen.

831 kommt mekkinheim[2]) (Meckenheim bei Speier in Rheinbaiern) und Alahesheim[3]) (Alsheim b. Worms), 834 Stamheim[4]) (Stammheim, Kant. Zürich), 835 albulfiuilla[5]) (palacium regium, heute Albisheim bei Kirchheimbolanden in Rheinbaiern), gouuirkesheim (Gauersheim bei Kirchheimbolanden), uchenheim (Oggersheim bei Frankenthal?), cruciniacum (Kreuznach an der Nahe), ingilinheim (Ingelheim; offenbar ist hier der Weinbau schon bedeutend älter; wenn Karl d. Gr. für die Ausbreitung des Weinbaus etwas Wesentliches geleistet hat, so war sicher sein Stammsitz, den er meistens bewohnte, wie auch in anderer Beziehung, sicher seiner besonderen Thätigkeit unterworfen), haskmundesheim in pago Wormacensi, batenheim (Badenheim) und haruesheim (Harxheim bei Nieder-Olm in Rheinhessen) mit Weinbau vor.

836 schenkt Ludwig der Deutsche der Kirche zu Passau die Kirche zu Kirchbach[6]) (Kirchbach bei Königstetten, Steiermark, Bez. Gleisdorf) mit

---

[1]) Wartmann.
[2]) Beyer Nr. 59.
[3]) Dronke Nr. 484.
[4]) Wartmann Nro. 349.
[5]) Beyer Nro. 61, 62 und 63.
[6]) Monum. boica Bd. III Nro. XIX.

den zugehörigen Weinbergen, und das Kloster Niederaltaich gewinnt die in Oesterreich liegenden Orte Scalcobach[1]) (vielleicht Schwallenbach unt. d. Enns), Cidalaribah (unbek.; in Oesterr., zw. d. Enns u. Ips), Hurula (unbek.; in Oesterr., in der Nähe d. Ips) und Biugin (unbek.; i. d. Gegend v. Kampffl.). In demselben Jahre sind auch in dem sicherlich alten Weinbaugebiete der Ripuarier die heute unbekannten Orte Wistrikesheim[2]) und Cranheim mit Weinbau verzeichnet.

Im Jahre 838 findet sich zum ersten male Gisinheim[3]) (Geisenheim a./Rh.) mit Weinbergen und kommt an Bleidenstat. 839 finden sich Weinberge in der Wetereiba ohne nähere Ortsangabe und ferner Stecheborn[4]) (Steckborn), wo 40 Weingärtner sind.

841 kommen Weinberge erstmals vor bei Chira (Kirn, Reg.-Bez. Koblenz), Votenbah[5]) marco Buggenheimono (Bodenbach, Reg.-Bez. Koblenz), Simera (Simmern auf dem Hundsrück), Uuentilesheim (Wendelsheim, SO. v. Kreuznach) vor, 842 solche bei burias, leffenza, suminga, hrotkinsinga.

---

[1]) Monum. Nideralt. in Monum. boica Nro. XIV.

[2]) Beyer Nr. 64.

[3]) F. W. E. Roth pag. 331.

[4]) Dümgé. Wohl wurde hier der Weinbau in diesen Jahren erst begonnen. In der Urkunde heisst es: •De Stecheborn 40 viri vinitores debent plantare porrum in orto fratrum unusquisque XII lineas et discipuli cellerarii debent XII spacia imponere et plantare.•

[5]) Dronke Nr. 534.

hessingas, boinbringas, uuabrinse, hosita[1]) (unbestimmbar) und Tulba[2]) (Thulba, N. v. Hammelburg). Mit letzterem Orte beginnt nun auch der Weinbau im Thale der fränkischen Saale mehr und mehr nach Norden vorzudringen, erreicht aber seine höchste Blüte dort wohl erst im zehnten Jahrhundert. Im Jahre 843 wurde der Vertrag zu Verdun abgeschlossen, durch welchen Ludwig die Städte Mainz, Speier und Worms propter vini copiam als Zugabe zu seinem rechtsrheinischen Erbteile erhielt. Nach dem bereits gesagten kann offenbar die diesbezügliche, so vielfach geltend gemachte Behauptung, als ob rechts des Rheines zu der Zeit Weinbau überhaupt nicht getrieben worden sei, absolut nicht aufrecht gehalten werden. Es konnte sich hier doch nur um eine Zugabe von Bezirken handeln, welche in quantitativer wie qualitativer Beziehung reicher an Wein sind, als das rechtsrheinische Land Ludwigs[3]).

845 schenkt Karl der Kahle einem seiner Getreuen die Villa Hanapio[4]) (heute unbekannt) in pago Laudinensi, 847 hatte die Grafschaft Jülich[5]) Weinberge, und zwar waren solche bei der Kapelle

---

[1]) Beyer Nro. 68.
[2]) Dronke Nro. 546.
[3]) S. darüber noch Anton.
[4]) Beyer Nro 72.
[5]) Ebenda Nr. 77.

des hl. Justinian. 853 findet sich Rosdorf[1]) (unbekannt, rechts der Donau) vineis cultis et incultis und 853 kommen 2 Weinberge in dem schon häufig citierten Weinbaugebiete von Trier[2]) vor. 854 erhält Prüm die Villa Avans[3]) oder havannis (Avange bei Dinant an der Maas) und 855 die Villa Alvinich[4]) (Elvenich b. Zülpich, Kr. Euskirchen) mit Weinbergen.

Die Weinberge von Bauzena[5]) (Bozen) aus demselben Jahre sollen hier Erwähnung finden, da sie meines Wissens zum ersten male an dieser Stelle urkundlich Erwähnung finden; aus der betreffenden Urkunde geht aber schon hervor, dass dort schon lange Weinbau getrieben wurde und unter den Römern dürfte in diesem herrlichen Klima schon ein vorzügliches Gewächse produziert worden sein (Vinum Rhäticum des Plinius gedieh wohl auch hier).

856 belehnt König Lothar II. einen seiner Getreuen mit Gütern in der Grafschaft Zülpich und Bonn. In der diesbezüglichen Urkunde werden folgende Orte mit Weinbergen genannt[6]): bullengesheim (Büllesheim, Kr. Rheinbach), casnec (Kessenich bei Bonn), giuualdesdorf (Gielsdorf

---

[1]) Ried Nro. 44 und Monum. boic. XI Nro. 31.
[2]) Beyer Nro. 84.
[3]) Ebenda Nro. 87.
[4]) Ebenda Nro. 91.
[5]) Roschmann v. Hörburg p. 142.
[6]) Beyer Nro. 93.

b. Oedckoven, Kr. Bonn), dreisa (Drees b. Rheinbach), strazfelt (Strassfeld b. Ollheim, Kr. Rheinbach), sursa (Sürst b. Neukirchen, Kr. Rheinbach), piscenheim (Pissenheim b. Villip, Kr. Bonn), essingoua (Essig b. Rheinbach) und gisonhova in pago Aroense (heute unbekannt).

857 finden sich im schönen Thurgau[1]), welchen ich wegen seiner Angrenzung an Deutschland in meine Abhandlung noch hereinziehe, Weinberge bei Rotenhuson (Rothenhausen), Busenanc (Busnang), Wezineshuson (unbestimmt), Wicrammeswilare (unbestimmt) und Huninchova (Hunicon) mit vineis ad carradas duas. 860 findet sich der Thurgauische Ort Chezzinwilare (Kessweil). 862 wird Crovio[2]) (Groven, Reg.-Bez. Köln) als einen ausgezeichneten Wein produzierend (ob exiguitatem vini) gekennzeichnet. Ungefähr um dieselbe Zeit, zwischen 861 und 884, finden sich bei Merningo[3]) (Mehring) auf verschiedenen Fluren Weinberge; in der Urkunde heisst es: «in abbate plantate vel pradella in grau vineam unam, in uercoro, in fontaneto, in fossato, in Aradone, in soiaco, plantato (campum unum ubi vineas plantavimus)» etc.

864 findet sich Kurca[4]) (Gurk) und Ruodines-

---

[1]) Wartmann Nro. 454.
[2]) v. Eckhardt T. I p. 665.
[3]) Beyer Nro. 98.
[4]) Juvaria pag. 96.

heim¹) (Rüdesheim). Mit diesem Auftreten des Ortes Rüdesheim in bezeichneter Urkunde, wo der Ort von Walabrecht an das Kloster Bleidestadt mit einem Weinberge ad carr. II kommt, fällt wohl endlich auch die Frage weg, welche Anfangs unseres Jahrhunderts die Geschichtsforscher anhaltend beschäftigte und auch heute noch zuweilen wieder aufgeworfen wird, wann in Rüdesheim der Weinbau begonnen hat. Wir wissen es allerdings heute noch nicht, wenn aber im Jahre 864 da schon Weinbau getrieben wurde, kann dessen Beginn nicht ins elfte Jahrhundert fallen. Letzteres glaubte man dadurch beweisen zu können, dass im Jahre 1074 der Bischof Sifrid von Mainz den Einwohnern von Rüdesheim den wüsten Berg, an dessen Geländen heute der feurigste der Rheinweine erzeugt wird, zum Anbau des Weinstocks schenkt²). In der betreffenden Urkunde heisst es: «Quomodo terra inculta et montosa prope Rudesheim et Ebingen exculta fuerit et redacta in statum vinearum.»

Im Jahre 866 kommt cuchuma³) (im Moselgau (heute unbekannt), roterestohrp (Rittersdorf bei Bitburg) und falauoia (Valwig an des Mosel, bei Treis, Kr. Kochem), 868 Wimundasheim⁴)

---

¹) F. W. E. Roth.
²) Siehe auch bei Thudichum pag. 93.
³) Beyer Nro. 105.
⁴) Ebenda Nro. 110.

(Weinsheim bei Creuznach) und Auia[1]) (Au im Landamt Freiburg im Breisgau) mit Weinbergen vor.

871 treten in der Nähe von Strassburg bei Geisbodesheim[2]) (Geispolsheim) Weinberge auf. 873 erhält das Kloster zu Paderborn den Ort Lizzicha[3]) (unbestimmt) und mit demselben Weinberge und Weinabgaben. Dass der Weinbau in Württemberg und besonders in Baden, in der Nähe von Freiburg, der schon zu verschiedenen malen erwähnt wurde, im deutschen Altertum schon bedeutende Verbreitung hatte, beweist schon der Umstand, dass die St. Gallener Klosterherrn dort mehrere Weinbergslagen gewannen, bevor sie ihre Hand ins Thurgau ausstreckten. Im Jahre 873 gewinnen sie wieder eine Anzahl Orte mit Weinbergen[4]); es sind: Eilinga (Ailingen, O.-A. Tettnang in Württemberg. Bei Tettnang selbst ist auch der Obstbau schon sehr alt), Thruvanteswilare (Trutzenweiler, O.-A. Ravensburg in Württemberg), Haboneswilare (Hap-

---

[1]) Wartmann Nro. 354. Es heisst in der Urkunde: »unam vineam unius hominis labore procurandem.»

[2]) Urkundenb. d. St. Strassburg.

[3]) Annales Paderbornenses — »Lizzicha, ubi sunt homines L, qui picturas faciunt et picturae Vinearum, quinquaginta et septem particulae Vinearum. Ubi duae Carradae colligi possunt, et sunt ibi XXX femina, quae dant censum, unaquaque sex siclas vini» etc.

[4]) Wartmann Nro. 573.

penweiler, ebenda), Witracho[1]) (wohl L.-A. Freiburg, aber heute unbekannt), Witunouva (Wittnau, L.-A. Freiburg) und Ufhusum[2]), (Uffhausen, St.-A. Freiburg), dann 874 zu Witringhove[3]) (Wittlingen, B.-A. Lörrach in Baden) und Pinezheim (Bingen-ebenda). An das Kloster Lorsch fällt in demselben Jahre Scheim[4]) und Bikenbach (Bickenbach a./Bergstrasse). Ferner treten in pago niticheuve, zu Amundisheim[5]) (unbekannt) und Bendirdisheim (Beindersheim, NW. v. Frankenthal), bei Weuelon[6]) (Mellich b. Trier), Vrcechon (Uerzig a. d. Mosel), Cruuon (Cröv, Bistum Trier) et juxta Rhenum Speion (Niederspay bei St. Goar) et in overspeion (Oberspay bei St. Goar), bei arrabona[7]) (Gerrasheim) zum ersten male Weinberge auf.

875 findet sich Haboneswilare[8]) (Dankersweiler) und Furentowa (Faurndau, zwischen Göppingen und Kirchheim in Württemberg), 877 Leimheim[9]) (Leimen, S. v. Heidelberg) mit Weinbau. 880 werden picturae zu wizrichesheim[10]) (in pago Ribuariense), halmhoua (in pago Tulpiacensi),

---
[1]) Wartmann Nro. 574.
[2]) Ebenda Nro. 575.
[3]) Ebenda Nro. 579.
[4]) Cod. Laur. Nro. 38.
[5]) Lacomblet Nro. 66.
[6]) Ebenda Nro. 67.
[7]) Ebenda Nro. 68.
[8]) Neugart Nro. 487 und 489; Kausler Nro. 149.
[9]) Cod. Laur. Nro. 40.
[10]) Beyer Nro. 118.

crachilenheim (lag zwischen Ahrweiler und Sinzig) erwähnt. 881 kommt ein Weinberg bei erintra[1]) (in pago superioris Logane) vor.

882 findet ein Gütertausch zwischen dem Kloster Prüm und Hartmann statt, bei welchem folgende Orte in Rücksicht gezogen und mit vineis verzeichnet sind[2]): bruihah (Braubach a./Rh. in Nassau), riegamaga (Remagen, Kr. Ahrweiler), oncale (Unkel, Kr. Neuwied), winitorio (Ober- oder Königswinter a./Rh.), cazbach (Casbach unter Linz am Rhein), baheim (Bachem im Ldkr. Köln), mielenheim (Mehlem b. Godesberg), einazfelt (Insfelt, oberhalb Bonn), filippia (Villipp b. Bonn), geroldeshowa (in pago Aroense, heute unbekannt) und gygenhouen (unbekannt).

In demselben Jahre schenkt Kaiser Karl der Dicke dem von den Normannen verwüsteten Kloster Prüm den Königshof nechkarauuwa[3]) (Neckarau bei Mannheim) cum vineis und der mons sanctus, der Aberinesberg[4]) gegenüber von Heidelberg ist mit Weinbergen bepflanzt.

885, also vor 1000 Jahren, findet sich Chuchelebacharre marcho[5]) (ein Dorf Kuchelbach zwischen Rhein und Schwarzwald) mit einem

---

[1]) Beyer Nro. 119.
[2]) Ebenda Nro. 120.
[3]) Ebenda Nro. 121.
[4]) Cod. Laur. Nro. 42.
[5]) Neugart Nro. 554.

Weinberg und die Böhmen[1]) feierten im Jahre 1885 das Andenken an die Gründung des ersten Weinberges in ihrem Lande, welcher der Sage nach von der heil. Ludmilla im sog. Wenzelsweingarten bei Usetat angelegt worden sein soll. 887 ist Mandorf[2]) (Mendorf, SW. v. Regensburg) mit Weinbergen verzeichnet, ebenso 888 Tuginga[3]) (Thiengen im obern Breisgau), Rivinacha[4]) (Rübenach, Kr. Koblenz), Otinkeim[5]) und Ophowa in pago Lobodengouve (bei Ladenburg). Selbst in der Nähe von Fulda wurde in pago Puohunna in Taftaha (Wenigentaft) Wein gebaut. Die Abtei Elenuuanga[6]) (Ellwangen in Württemberg) kommt mit vineis vor und in demselben Jahre ist Nezzilapach[7]) (Nestelbach, Steiermark) in pago Trungowi mit Weinbergen erwähnt. 889 finden sich Weinabgaben in dem schon citierten Samutinga[8]) (Sanding b. Thalmessing i. Baiern), das Kloster Reichenau gelangt durch König Arnulf in den Besitz von Pirningen[9]) (Bierlingen, O.-A. Horb im Nagoltgau) und Erichingen (d. Ergau zw. Donau und Bodensee) cum vinetis, ferner

---

[1]) »Der Böhmische Weinbau«, Jahrg. 1884 p. 93.
[2]) Ried Nro. 67.
[3]) Neugart Nro. 579.
[4]) Beyer Nro. 125.
[5]) Cod. Laurish. Nro. 48.
[6]) Th. v. Mohr.
[7]) Urkundenbuch des Landes ob der Enns.
[8]) Ried Nro. 69.
[9]) Dumgé regesta Badensia Nro. 16.

tritt Crutheim in pagis folcfeld¹) (Krautheim) und Iffigeuue (an d. Iff, welche bei Marktbreit i. d. Main m.) mit Weinbergen auf.

Die Abtei des hl. Servatius zu Mastricht²), Bruochmagat³) (Brumat im Elsass), Dedichesheim⁴) (Dexheim, W. v. Oppenheim), Binuzfeld⁵) (Binsfeld, N. v. Würzburg) und die villa obrinindorf⁶) (Oberndorf, Steiermark) besitzen in diesem Jahre Weinberge. 890 werden in der Juvavia, als zu Salzburg gehörig, einige Ort erwähnt, wie die Wachau, an der untern Donau gelegen, dann Salapuigin, Pettovia u. a., welche in unsere Darstellung nicht mehr beigezogen werden können da sie von Deutschlands Grenzen zu weit entfernt sind und in Ländergebieten liegen, in denen, teilweise nachweisbar, schon zu Römerzeiten Wein gebaut wurde. Man denke an Sirmium, wo Kaiser Probus bei der Bearbeitung des Weinberges von seinen Soldaten erschlagen wurde, an den montem vinitorium, vielleicht das Sievering, in der Erzählung vom hl. Severin etc.

891 schenkt Arnulf dem Künstler Sigmand das Kloster Suestra⁷) (Suestren im Niederland),

---

1) Monumenta Boica T. III.
2) Beyer Nro. 129.
3) Cod. Laurish. Nro. 50.
4) Dronke Nro. 633.
5) Ebenda Nro. 634.
6) Urkundenb. d. Landes ob der Enns II.
7) Beyer Nro. 130.

dem Kloster Salzburg den Hof Ardingen[1]) (Ardning in Steiermark) und Penninchaham[2]) (die Pinka, Nebenfl. d. Raab u. d. Ort Penk an derselben) mit den zugehörigen Weinbergen. 893 kommen an Kremsmünster Weinberge bei Eporesburg[3]) (Mautern a./Donau), Cambe (Gross-Kamp, L. Nebenfl. d. Donau in Oesterr.), Persiniccha (Perschling i. Nieder-Oesterr.), Scalauiniae (a. d. Sala, Nebenfl. d. Krems).

Nach einem Güter-Verzeichnis[4]) der Abtei Prüm, in welchem die Weinberge und Weinabgaben der einzelnen Orte angeführt sind, lässt sich auf Weinbau im Jahre 893 ferner schliessen zu: gundersdorpht (Giesdorf bei Rommersheim, Kr. Prüm), sarensdorpht (Sarresdorf bei Gerolstein), etellendorpht (Etteldorf b. Killburg, Kreis Bitburg), alio wihc (Moyenvic b. Château-Salins oder Vic a. d. Seille), merxz (Mötsch b. Bitburg), sueyghe (Schweich a. d. Mosel, Ldkr. Trier), clutterché (Clüszerath bei Schweich, Ldkr. Trier), turninge (Thörnig bei Kell, Ldkr. Trier), ancun (Ensch bei Schweich a. d. Mosel, Ldkr. Trier), loysse (Lörsch bei Schweich, Kr. Trier), glene (vielleicht Glan-Odenbach b. Meisenheim), oden-

---

[1]) Juvavia p. 115.
[2]) Ebenda p. 117.
[3]) Urkb. des Landes ob der Enns.
[4]) Beyer. Die Orte, welche früher schon erwähnt sind, haben, wie das mit wenigen Ausnahmen durchgehends gehandhabt wurde, keine Berücksichtigung gefunden.

bahc (Odenbach bei Meisenheim), wimesheym (Weinsheim bei Kreuznach oder Weinheim in Rheinhessen), remeghe (in Luxemburg), bure (Grenze der Mark Osterspey am Rhein), hunlar (Holler b. Weis-Wambach in Luxemburg), iuernesheym (Iversheim bei Münstereifel), Buzzenswelt (Pützfeld b. Altenahr, Kr. Adenau), Keslighe (Kesseling, ebenda), cruceberhg (Kreuzberg, ebenda), wihsselle (Wesseling b. Hersel, Kr. Bonn), aruuilre (Ahrweiler) und oldenselen (Oldenzaal, zwischen Deventer und Münster).

894 tritt ein Weinberg bei Withereshusa[1]) (Wittershausen in Württemberg) et «duas arpennas» in Berenwanc (Bernang, ebenda) auf. 895 unterwirft Arnoulph das Kloster Moosburg[2]) an der Isar cum vineis dem Episkopate von Freising und neben dem schon erwähnten Orte Bibiloz erhält das Kloster Lorsch Scarram[3]) (Scharrhof, N. v. Mannheim) mit Weinbergen. 897 werden Weinberge zu Steinaun[4]) (Steinach zwischen Rorschach und Arbona) und Goldahun[5]) (Goldach im Thurgau) erwähnt. Interessant ist ferner die Anlage von Weinbergen zu Rantersdorf[6]) (Ranshofen am Inn), ungefähr 898. Um dieselbe Zeit

---

[1]) Neugart Nro. 606.
[2]) Monumenta boica T. III Nro. 79.
[3]) Cod. Laurish. Nro. 53.
[4]) Neugart Nro. 621.
[5]) Ebenda Nro. 627.
[6]) Monumenta boica Tom. III p. 309 Nro. I.

sind auch Weinberge erwähnt zu pruteca[1]) (Bruttig, Reg.-Bez. Koblenz).

Soweit das neunte Jahrhundert. Wir sehen in ihm eine neue Anzahl von Weinbau treibenden Orten am Rheine, vom Mainstrom aus eine Verbreitung des Weinbaus nach dem Saalethal, gen Thüringen; in Württemberg treten im Innern des Landes verschiedene Orte auf, in deren Nähe heute noch gute Produkte gewonnen werden, manche aber auch, wo längst der Obstbau die Rebe verdrängt hat. Das obere Rheinthal trägt in seinem Gebiete allenthalben Weinberge, der Bodensee ist von ihnen umkränzt, das Thurgau ist reich daran und auch an der Donau hat sich der Weinbau schon grösserer Landstriche bemächtigt, hat die Ufer der ihr zufliessenden Gebirgsflüsse in Rebgehege verwandelt.

901 kommen bei dem Hofe Trihsna[2]) (Dris, Böhmen), 903 bei Prozoltesheim[3]) (Prosselsheim a./Main) und Frichinhusa (Frickenhausen b. Würzburg) in pago Gozfeld Weinberge vor. 904 ist Farniwang[4]) (Bernang in Vorarlberg) und 905 Favares[5]) (Pfeffers im Kant. St. Gallen) mit solchen erwähnt.

Im Gebiete des Mittelmaines findet sich eine

---

[1]) Lacomblet Nro. 81.
[2]) Monumenta boica Tom III Nro. 91.
[3]) Ebenda Nro. 93.
[4]) Wartmann Nro. 738.
[5]) Ebenda Nro. 741.

Anzahl Orte im Jahre 906 erwähnt, die heute noch einen vorzüglichen Wein produzieren. Es sind Fugalespurc[1]) (die Vogelsburg am Main, zwischen Volkach und Seligenstadt), Aachiveld (Eichfeld SW. v. Gerolzhofen), Lillifeld (Lülsfeld, SO. v. Schweinfurt), òstheim (Ostheim a./M., S. v. Schweinfurt), Ronopahc (Rimbach, O. von Volkach, S. v. Schweinfurt), Egininhusa (Egenhausen b. Schweinfurt) und Kerolteshova (Gerolzhofen, SO. v. Schweinfurt). 908 ist Ankaracha[2]) (Enkirch a. d. Mosel) und Ingilinstadt[3]) (Ingolstadt bei Mainz) erwähnt. 910 wird der Königshof Brechene[4]) (Brechen in Nassau, A. Limburg) an Prüm mit Weinbergen verliehen und 911 kommen solche erstmals bei Mamburron[5]) (Mammern am Untersee) vor. 912 verschenkt König Konrad Leimbah[6]) (Leimbach bei Scheinfeld), Steinaha (Steinach, N. v. Windsheim) und Thiofbah (heute unbekannt; wohl ebenda) cum vinetis, 914 gelangt Regensburg in den Besitz von Echineperc[7]) in pago Suualaveldum (Eichelberg, i. d. Nähe d. Altmühlquelle) und Fulda erhält das reizend

---

1) Dronke Nro. 652.
2) Beyer Nro. 152.
3) Gudenus.
4) Beyer Nro. 155.
5) Neugart Nro. 678.
6) Monum. boica T. III Nro. 103.
7) Ried Nro. 96.

gelegene Rezzistat¹) (Retzstadt a./M.) mit Weinbergen. 924 werden «mansos II de viniera» zu Helifelt²) (Helfand b. Linz, Kr. Saarburg), erwähnt und 929 kommen Agullia³) (Igel?), Dundeba⁴) (Dompfen b. Grevenmachern in Luxemburg) und Bevera⁵) (Biver b. Trier) mit Weinbergen vor. Diejenigen des Egadins zu sindes⁶) (Sins) vom Jahre 930 sollen ebenfalls Erwähnung finden.

932 kommt in dem schon häufig genannten Uuormazgowe Abunheim⁷) (Avenheim, NW. von Worms) mit Weinbergen an Fulda, 933 das heute unbekannte Pedenocie⁸) an St. Gallen, und uilisa⁹) juxta pahmannum (an der Vils in Niederbaiern) an Salzburg.

941 schenkt der Erzbischof Wichfried von Köln dem Ursulastift daselbst in villa reinse¹⁰) (Rhens) de vineis particulas tres et sex carras de vino.

942 findet sich Hibingen¹¹) (Eibingen b. Rüdes-

---

1) Dronke Nro. 662.
2) Beyer Nro. 164.
3) Ebenda Nro. 170.
4) Ebenda ein vinea optima.
5) Ebenda Nro. 171.
6) Th. v. Mohr Nro. 42.
7) Dronke Nro. 678.
8) Wartmann Nro. 790.
9) Juvavia p. 178.
10) Lacomblet Nro. 93.
11) F. W. E. Roth p. 349.

heim), 943 marnemhic¹) (Mehring im Landkreis Trier), sueuerdesheim (Schwirzheim b. Büdesheim, Kr. Prüm), steffele (Steffeln, Kr. Prüm), bamma (unbekannt in pgo. Tulpiacensi) und reginbach Rheinbach, Kr. Bonn) mit Weinbau.

Daran reiht sich 948 efflezbura²) (Effelsberg bei Münstereifel), cca 951 Eriwelden³) (Erfeld am Rhein, SO. v. Oppenheim) und Gotelohon (Godelau, SW. v. Darmstadt); 952 werden Weinberge zu Villere⁴) in pago Mosolensi (Stadt und Kreis Wittlich) angelegt. In demselben Jahre giebt der Bischof Herbert zu Cur die im Elsass gelegenen Orte Slezistatt⁵) (Schlettstadt), Wizinheim (Wintzenheim b. Strassburg), cunningesheim (Gingsheim, Df. i. Elsass) vinetis et vinitoribus an das elsässische Hochstift zurück.

953 findet sich crapofeld⁶) (Krapfeld in Kärnthen), 955 Byeura⁷) (Biver b. Trier) und Janilergeio (in comitatu Wirdunensi), dann Zizuris⁸) in comitatu rehciae (Zizers in Graubünden) mit Weinbau. 956 tritt Duppincheim⁹) (Duppigheim bei

---

¹) Beyer Nro. 180.
²) Ebenda Nro. 186.
³) Dronke Nro. 709.
⁴) Beyer Nro. 193: »de adjacentiis sedis nostre Altreie terram indominicatam ad vineas plantandas«.
⁵) Th. v. Mohr Nro. 50.
⁶) Juvavia, p. 180.
⁷) Beyer Nro. 199.
⁸) Th. v. Mohr Nro. 52.
⁹) Urkundenb. d. St. Strassburg.

Strassburg), 958 Uuidherigis [1] (Würges in Nassau, Amt Montabaur) mit Weinbergen auf und die Stadt Cur erhält verschiedene Kirchen mit den dazu gehörigen «vineis cultis et incultis [2]). 959 kommt ein Gut zu Dundeva [3] (Dompfen b. Grevenmachern in Luxemburg), 960 beneduces [4] (Bonaduz in Graubünden, Bez. Im Boden) und trimune (Trimmis, Kt. Graubünden, N. v. Cur) mit Weinbergen vor und die Kirche von Pfäffikon gewinnt Amades [5] (Ems in Graubünden).

962 erhält Konstanz die Orte Ihringen [6] (Ihringen, A. Breisach) und Muren (Murr, O.-A. Marbach in Württemberg). 963 werden neben Bierabgaben dem St. Gallener Kloster auch solche von Wein aus Trullinchowa [7] (Trüllikon im Kt. Zürich) verschrieben und die Brüder des heil. Martin zu Münster erhalten einen Wingert zu Eilba [8] (villa in Maginensi pago).

In der Gründungs-Urkunde der Kirche zu Oeningen bei Stein im Thurgau aus dem Jahre 965 sind folgende Orte [9] mit Weinbergen erwähnt: Raffo (Rafz), Ostrolfingen (Osterfingen), Mechtingen

---

[1] Beyer Nro. 203.
[2] Th. v. Mohr Nro. 53.
[3] Beyer Nro. 205.
[4] Th. v. Mohr Nro. 56.
[5] Ebenda Nro. 55, später nochmals in Nro. 976.
[6] Dümgé Nro. 26b.
[7] Neugart Nro. 751.
[8] Beyer Nro. 213.
[9] Neugart Nro. 754.

(Meckingen b. Stockach), Ulingen (Illingen), Ansolfingen (Anselfingen), Limperhoh (Zimmerholz) und Hila (Hilzingen); 966 finden sich solche bei Theodonis villa[1]) (Thionville) und Kescelenheim[2]) (Kesselheim im Maingau), ferner wieder in Zizers und dem schon erwähnten Trimmis, welch letzteres nun mit malanziae[3]) (Malans) ‹in planis videlicet vinee› auftritt. Von Interesse dürfte der im Jahre 967 erstmals erwähnte Weinbau im Winstgau[4]) (der Gau W. von Meran in Tirol) sein. In demselben Jahre werden Weinberge in einer Precarie bei Lendinga[5]) (Lenningen bei Remich in Luxemburg) und im comitatu Bedens[6]) (Bezirk um die heutige Bitburg) auf. 968 findet sich ein Stück Weinberg in Kachinchova[7]) (unbestimmt; Neu-

---

[1]) Beyer Nro. 223.
[2]) Ebenda Nro. 227.
[3]) Th. v. Mohr Nro. 62.
[4]) Ebenda Nro. 63.
[5]) Beyer Nro. 228.
[6]) Cod. dipl. Rheno Mosell. Nro. 20.
[7]) Wartmann Nro. 811. Es wird von St. Gallen dieses Stück Weinberg gegen einen Hof mit pomiferis arboribus zu Perchusa (Berghausen, B.-A. Freiburg) vertauscht. Nach den St. Gallischen Urkunden zu schliessen, haben die dortigen Mönche mehr auf den Besitz von Obstgütern als von Weinbergen, mehr auf die Einnahmen von Bier als von Wein gegeben, was auch Inama Sternegg bemerkt, trotzdem, wie mir Herr Professor Dr. Wartmann in St. Gallen brieflich mitteilte, niemals irgend ein Verbot, den Weingenuss betreffend, im St. Gallener Kloster bestanden hat. Siehe weiteres darüber Reichelt, Beiträge zur Geschichte des Obstbaus bis 1000 n. Chr. «Obstgarten Jahrg. 1881.»

gart meint Kirchhofen, B.-A. Staufen) und in demselben Jahre wird auch Weinbau durch das Kloster Kiemiesse[1]) (Herren Chiemsee) getrieben. Dann 970 hat Leipniza[2]) (Leibnitz) und Kiuermont[3]) (Chevremont bei Lüttich) Weinbau.

Wenn ich nun, wie es bisher geschehen, annehme, dass sich das Wort vineis, wenn es hinter einer grösseren Anzahl von Ortsnamen in der Urkunde sich befindet, auch auf alle diese Orte bezieht, und ich lasse diese Annahme auch für eine Urkunde aus dem Jahre 973 gelten, so findet sich in demselben eine grosse Anzahl von Weinbau treibenden Orten in Thüringen. Es erscheint dieses Vorgehen einigermassen dadurch berechtigt, dass in früheren Zeiten, besonders im deutschen Mittelalter, nachweisbar noch viel Wein gebaut wurde. Die in Frage stehenden Ortsnamen finden sich in einem Gütertausch zwischen dem Erzbischof Adalbert von Magdeburg und dem Abte Werner von Fulda[4]): Sie sind folgende: Dungide (Thüngen), Donnaha (Tonna, N. v. Gotha), Brohem (Brüheim bei Gotha), Tachebechi (Thachebach b. Themar), Walehesleba (Walsleben), Rokkestedi (Rockstedt a./Helb), Ostmilinge (unbekannt, bei Gotha), Cruciberg (Kreuzburg a./Werra), Westmilinge (unbekannt, b. Gotha), Corneri (Körner),

---

[1]) Juvavia p. 185.
[2]) Ebenda p. 186.
[3]) Lacomblet Nro. 113.
[4]) v. Heinemann Nro. 54 und Dronke Nro. 714.

Helinge (verschiedene Heilingen b. Langensalza) und Salzungen a. d. Werra; genannte Orte werden vertauscht gegen: Frekenleba (Freckleben), Scekenstedi (Schackstädt, SW. Bernburg), Arneri (Oerner, NO. Mansfeld), Lembcki (Leimbach bei Mansfeld), Faderesrod (Vatterode, NW. Mansfeld), Purtin (Burgisdorf? NO. Eisleben), Kerlingorod (unbekannt, vielleicht Kerleberg), Mannesfeld (Mansfeld), Duddondorf (Thondorf, O. v. Mansfeld), Rodonwalli (unbekannt, vielleicht Rottelsdorf), Menstedi (Mannstett, N. v. Weimar) und Elesleba (Alsleben a. d. Saale).

In demselben Jahre finden sich in pago Tuonehkeuue, im Donau-Gebiete die Orte Butileshusa[1]) (Beutelhausen, SO. v. Landshut), Skirilinga[2]) (Schirling), Linthart (Lindhard), Biberbach (Biberbach) und Rokkinga (Rocking) cum vineis. 974 erhält Regensburg Eitarahova[3]) (Aiterhofen) ‹vineis ac vinitoribus› und 976 bekommt Passau Walahunesdorf[4]) (Walkersdorf in Niederbaiern) und an das Kloster Disentis fällt Amades[5]) (Ems) mit Weinbergen.

In pago Kinzechewes finden sich in demselben

---

[1]) Monum. boic. T. III Nro. 136 und Ried Nro. 109 vom Jahrgang 974.
[2]) Ebenda Nro. 140 bezw. Nro. 108.
[3]) Ried Nro. 112.
[4]) Monum. boic. T. III Nro. 148.
[5]) Th. v. Mohr Nro. 66.

Jahre solche bei Wertheim¹) (Wertheim, Baden), Cassele (unbekannt), Hosti (Höchst, O. v. Gelnhausen), dann 977 zu Ysanesheim²) (Eisenheim a./Main und Anparingen³) Ampringen, (SW. von Freiburg) «campis vinetis». Wieder in einem Gütertausch⁴) sind folgende südwestdeutsche Orte mit vineis erwähnt: Herlibach (Herlebach), Blideluesheim (Pleidelsheim), Reginesheim (Rheinsheim, Baden) gegen Marbach (Marbach a./Neckar), buninga (Biningen), Aspach (Gross Asbach), bing (Beihingen), bucingesheim (Busingen), blidoluesheim (Pleidelsheim bei Marbach), murra (Murr), Steinheim (N. v. Marbach), husa (Zwingelhausen), Berkenmarchusa (Bernhausen, S. v. Stuttgart, oder vielleicht Erdmannshausen, O.-A. Marbach), Afalterbach (Affalterbach b. Marbach), Ruodingeshusa (Rielingshausen), welwoldestete (Waldstetten); 979 kommt der Hof Villach⁵) (unbestimmbar), 980 Otmanica⁶) (wohl Otmaring b. Osterhofen), Blasindorf (Blasendorf, NO. v. Klagenfurt), Gnevuotindorf (unbestimmt; in Kärnthen) und Gasilich (unbestimmt; in Kärnthen), ferner Ascafa⁷) (Main Aschaff) mit Weinbergen vor. 982 gewinnt Aschaffenburg Meininga⁷) (Meiningen) und Walchsdorf

---

¹) Gudenus Nro. 78.
²) Dronke Nro. 717.
³) Schöpflin Nro. 160.
⁴) Dümgé Nro. 30.
⁵) Monumenta boica III Nro. 154.
⁶) Ebenda Tom. 28 Nro. 155.
⁷) Gudenus Nro. 131. Nach den verschiedenen Citaten

(wahrscheinlich Wohlsdorf, zwischen Bernburg und Cöthen) in pago Grapfeld. 983 erhält Regensburg[1]) Puchilinga (praedium bei Regensburg) et Ekklovinga (praedium bei Regensburg) vineis et vinitoribus etc., dann ebenso Alpurc[2]) in pago Tonahgewi (bei Regensburg) und Perc (ebenda). Zum ersten male treten auch in diesem Jahre zu Ratisbona (Regensburg), heute noch mit seiner nächsten Umgebung der einzige Platz, an welchem an der bairischen Donau Wein, allerdings von sehr geringer Qualität, gebaut wird, Weinberge auf. Auf den Wein bei Regensburg, überhaupt den von Südostbaiern, wurde schon früher angespielt. Ich will jetzt nur noch die Worte des um die bairische Geschichte etc. so hochverdienten Schmeller anführen, der den Weinbau in Baiern u. a. einen Idiotismus in seiner Art nennt. «Heutzutage», sagt er, «zwar kommt über hunderttausende gemeiner altbayrischer Lippen Jahr aus Jahr ein kein anderer, als etwa der Johannis-Wein, oder der, wo mitunter ein Hochzeitsmahl bis zum Luxus eines Weinmahls ge-

---

in Sebastian Güthens Polygraphia Meiningensis dürfte in Meiningen der Weinbau schon älter sein, trotzdem von Güthen derselbe nicht besonders erwähnt wird. Er erzählt z. B., dass unter Heinrich I. nach der Zerstörung durch die Huunen Keller im Jahre 923 gebaut wurden. 930 bestand dort eine eigene Kellerei, in welche der Marktpfennig geleistet wurde etc.

1) Ried Nro. 116.
2) Ebenda Nro. 117 und Monum. boica. T. XXVIII Nro. 158.

steigert wird. Aber ehemals war es anders. Und sicher hat nur die grosse Lehrmeisterin Erfahrung allmählich von jenem Zustand auf diesen, vom Wein zum Bier geführt» etc.

Ferner erhält der Bischof von Würzburg Scheikbach[1]) (nicht genau bestimmbar) cum vineis. 985 kommen die Höfe Walehusun[2]) (Wallhausen, O. v. Nordhausen) Berge (unbestimmbar), Walbechi (Walbeck, S. v. Aschersleben), Siuseli (vielleicht Seislingen bei Bamberg) und Triburis (Tribur, oberh. Mainz) vineis et vinetis an Quedlinburg; 989 findet sich Sahssenheim[3]) (Sachsen bei Weinheim) mit «XL jugera vinearum» verzeichnet. 994 tritt auch Nierstein[4]) mit seinem heute so vielgerühmten Gewächse zum ersten male auf und 996 ist noch die Villa Mudevurt[5]) (Mutford bei Contern in Luxemburg) und Dalheim (Dalem b. Idenheim, Kr. Bitburg), dann 998 Andernacha (Andernach a./Rhein) mit Weinbergen erwähnt.

Damit schliesst das Verzeichnis der im ersten Jahrtausend mit Weinbau zu verzeichnenden Orte. Leicht ersichtlich ist aus dem Vorhergehenden, dass um die Mitte des zehnten Jahrhunderts schon der Weinbau eine sehr weite Ausdehnung besass; vom Rheine bis zur deutschen Ostgrenze, soweit

---

[1]) Monum. boic. T. XXVIII Nro. 161.
[2]) Erath Nro. 27 und 29.
[3]) Cod. Laurish. Nro. 83.
[4]) Gudenus Nr. 134.
[5]) Beyer Nro. 273.

die Macht der Karolinger reichte, baute man
Wein. Gegen heute ist die räumliche Ausdehnung
des Weinbaus eine bedeutend grössere gewesen.
Der Weinbau in Niederbaiern, an der mittleren
Donau, in Thüringen ist so ziemlich verschwunden
und mit ihm der brandenburgische. Ja in diesem
Jahre wurde auch dem Grüneberger sein Todten-
lied gesungen und nicht viel besser wird es den
anderen Dreimännerweinen früher oder später
ergehen.

Mit der zunehmend besseren Geschmacksrich-
tung der Bevölkerung, den besseren Verkehrs-
mitteln ist der Weinbau immer mehr auf die
Gegenden beschränkt worden, in denen er noch
als lohnender Zweig der Landwirtschaft betrieben
werden kann.

Aber auch für diese ziehen dunkle Wolken
auf. Schon hat die Reblaus angefangen im Herzen
des deutschen Weinbaus, am Rhein, sich auszu-
breiten. Unsere Nachkommen in hundert Jahren
konstatieren vielleicht eine noch grössere Anzahl
von Orten, an denen der Weinbau nur der Geschichte angehört, wenn es nicht gelingt, mit
aller Energie, die in der That angewendet wird,
den mächtigen und tückischen Feind zu unter-
drücken.

Ortschaften, deren Namen mit dem Worte Wein (Win) gebildet sind.

Daran anschliessend sollen nach Förstemann diejenigen hierher gehörigen deutschen Orte erwähnt werden, deren Namen mit «Wein» gebildet sind. Wenn ich nach Analogieen von heute schliessen wollte, so würden meist solche Orte ihre Namen daher erhalten haben, an denen ehemals Wein gebaut wurde. Mir scheint es aber unbedingt wahrscheinlicher, die Annahme verdiene mehr Berechtigung, dass dort der Weinbau besonders stark betrieben wurde, oder dass er von besonderer Bedeutung im Verhältnis zur nächsten Umgegend, oder dass er die Grundlage für den gesamten Weinbau der Gegend bildete. Für uns bleibt sich das doch ziemlich gleichgültig, da nach der eingangs gemachten Aeusserung an und für sich nur klar gelegt werden soll, wo in dem betreffenden Jahre Wein gebaut worden ist. Das aber möchte ich für die folgenden Namen annehmen. Es treten auf:

Wingarteiba (Gau zwischen Main und Jaxt) 759[1]).
Winestal (Gegend v. Hammelburg) 777.
Winenheim (Weinheim, SO. v. Lorsch) 795.
Winolfesheim (Weinolsheim, SW. von Oppenheim) 798.
Winimunteshusir (Wiedenzhausen bei Einsbach, S. v. d. Glon) saec. 8.
Winninge (Wennungen a. d. Unstrut) sec. 8.
Winesheim (Weinsheim, SW. v. Worms) 804.
Winiheringun (Wieheringa./Inn, Ldg. Altötting) 817.
Winbach (in der Gegend v. St. Goar, Reg.-Bez. Koblenz) 820.
Winninge (Winingen, Kt. Zürich) 870.
Wintere (Königswinter bei Bonn) 882.
Winigartun (Weingarten, unweit Bamberg) 9. Jhrh.
Winipura (Wimbere b. Teisendorf, Salzburcha) 934.
Wineswilere (unbek.; i. d. Gegend v. Landau) 960.
Winheim (Weinheim b./Alzey in Rheinhessen) 962.
Winninge (Winningen, N. v. Aschersleben) 964.
Winigartin (Weingart, SW. v. Speyer) 991.

Wincirca (i. d. Nähe v. Hofkirchen a./Donau) 1005.
Windorf (Windorf a./Donau bei Vilshofen) 1010.
Winigereshusum (Wingerhausen, NO. v. Nidda, Grossherzogtum Hessen) 1016.
Vinesbiki (Viesebeck b. Horn, SO. v. Detmold) 1031.

---

[1]) Die angefügten Zahlen deuten das Jahr an, in welchem der betr. Ort urkundlich zum ersten male nachweisbar ist.

Winveld (Weinfeld, Reg.-Bez. Trier) 1044.
Windorf (Weindorf b. Murnau) 1050.
Winzurn (Winzer, unterhalb Regensburg) 1062.
Winzurn (Winzer im B.-A. Mindelheim) 1067.
Winkobeln (Berg in der Nähe von Passau) 1067.
Winicenwilare (Winzenweiler, O.-A. Gaildorf, S. v. Schwäbisch Hall) 1091.
Wingartin (Weingarten im Amte Ravensburg) 1094 und 1098.
Weingi (im Friesland).
Weinere (Weiner, Reg.-Bez. Münster).

Verzeichnis derjenigen heute noch bestehenden Orte, von denen Weinbau vor dem Jahre 1000 nachgewiesen werden konnte.

In folgendem sollen in der Uebersetzung ins Neuhochdeutsche und geordnet nach Ländern und dem Alphabete diejenigen Orte verzeichnet werden, deren Lage etc. mit einiger Sicherheit aus den Urkunden konstatiert werden konnte[1]).

Deutschland.

Anhalt.

Alsleben, Gross-, Dorf, 973.
Freckleben, Dorf, A. Dessau b. Sandersleben, 973.
Schackstedt, Dorf, A. Sandersleben, 973.

---

[1]) Zur Bestimmung derselben wurden entweder die Ortsverzeichnisse und Notizen in den betr. Urkundenbüchern selbst, oder Förstemann, altdeutsches Namenbuch Bd. II angewendet. Zur Bestimmung der Kreise etc. diente Ritters geographisch-statistisches Lexicon, Leipzig 1864, selbstverständlich mit Berücksichtigung der in neuerer Zeit eingetretenen Veränderungen.

Baden.

Seekreis.
Anselfingen, Dorf, A. Engen, 965.
Hilzingen, Dorf, A. Engern, 965.
Meckingen, Weiler, b. Stockach, 965.
Zimmerholz, Dorf, A. Engen, 965.

Oberrheinkreis.
Ampringen, Dorf, SW. von Freiburg, 977.
Au, Dorf, A. Freiburg im Breisgau, 868.
Binzen, Flecken, B.-A. Lörrach, 874.
Buggingen, Dorf, A. Müllheim, 820.
Ebringen, A. Freiburg, 716—720.
Egringen, Dorf, A. Lörrach, 758.
Fischingen, Dorf, A. Lörrach, 771.
Ihringen, Dorf, A. Breisach, 962.
Kuchelbach, Dorf, A. Waldshut, 885.
Merzhausen, Dorf, A. Freiburg, 790.
Müllheim, Stadt, A. gl. N., 758.
Nollingen, Dorf, A. Säckingen, 752.
Pfaffenweiler, Dorf, A. Staufen, 716—720.
Thiengen, Stadt, A. Waldshut, 888.
Uffhausen, Stadtamt Freiburg, 873.
Wittlingen, Pfarrdorf, B.-A. Lörrach, 874.
Wittnau, Pfarrdorf, B.-A. Freiburg i. B., 873.

Mittelrheinkreis.
Illingen, Dorf, A. Rastatt, 965.

Unterrheinkreis.
Dossenheim, Dorf, A. Heidelberg, 826.
Handschuchsheim, Dorf, A. Heidelberg, 788.

Ladenburg, Bez. und Stadt am untern Neckar, 628.
Leimen, Dorf, A. Heidelberg, 877.
Neckarau, Dorf, A. Schwetzingen, S. v. Mannheim, 882.
Neuenheim, Dorf, A. Heidelberg, 786.
Rheinsheim, Dorf, A. Philippsburg, 977.
Sachsen, Dorf, A. Weinheim 989.
Weinheim, Stadt, 805.
Wertheim, Stadt und Amt, am Main, 973.
Wieblingen, Pfarrdorf, A. Heidelberg, 826.

Baiern.

Niederbaiern.

Aiterhofen, Dorf, B.-A. Straubing, 973.
Bogen, Flecken, links der Donau, 731.
Lindhard, Ober- und Nieder-, 2 Kirchdörfer, B.-A. Mallersdorf, 973.
Pleinting, Flecken an der Donau, B.-A. Vilshofen, 731.
Putzenbach, Dorf, Ldg. Eggenfelden am Rott, 748.
Schirling, Dorf, B.-A. Mallersdorf, 973.

Oberbaiern.

Beutelhausen, Dorf b. Vilsbiburg, B.-A. Landshut, 973.
Herren-Chiemsee, Insel im Chiemsee, 968.
Hörgassing b. Taching, B.-A. Lauffen, 799.
Moosburg, Stadt, B.-A. Freising, 895.
Thulbach, Ort b. Moosburg, B.-A. Freising, 753.

Oberpfalz und Regensburg.

Biberbach, Dorf, B.-A. Waldmünchen, 973.
Krukenberg, Dorf, B.-A. Regensburg, 798.
Mendorf, Dorf, B.-A. Hemau, SW. von Regensburg, 887.
Rocking, Dorf, B.-A. Stadtamhof, 973.
Sanding, Ober- und Unter-, 2 Dörfer, B.-A. Stadtamhof, 889.

Mittelfranken.

Eichelberg, Dorf, B.-A. Uffenheim, 914.
Leimbach, Ober- und Unter-, Dörfer, B.-A. Scheinfeld, 912.
Steinach, Dorf, B.-A. Rotenburg, 912.

Unterfranken.

Binsfeld, Pfarrdorf, Ldg. Arnstein, 889.
Egenhausen, Dorf, B.-A. Schweinfurt, 906.
Eichfeld, Pfarrdorf, B.-A. und bei Volkach, 906.
Eisenheim a./M., Ober- und Unter-, B.-A. Volkach, 977.
Frickenhausen, Flecken, B.-A. Ochsenfurt, 903.
Gerolzhofen, Stadt, eigenes B.-A., 906.
Halsheim, Kirchdorf, B.-A. Karstadt b. Arnstein.
Hammelburg, Stadt a. d. Saale, 777.
Holzkirchen, Pfarrdorf, B.-A. Marktheidenfeld, 775.
Klingenberg, Stadt, 776.
Krautheim, Pfarrdorf, B.-A. Volkach, b. Gerolzhofen, 889.
Lülsfeld, Dorf, B.-A. Gerolzhofen, 906.

Mainaschaff, Pfarrdorf, B.-A. Aschaffenburg.
Münnerstadt, Stadt, 770.
Ostheim, Flecken, B.-A. Königshofen, 906.
Prosselsheim, Pfarrdorf, B.-A. Volkach, 903.
Retzstadt, Dorf, B.-A. Karlstadt, 914.
Rimbach, Dorf, B.-A. Volkach, 906.
Stetten, Pfarrdorf, B.-A. Karlstadt, 816.
Thulba, Ober- oder Unter-, Pfarrdorf, B.-A. Hammelburg, 842.
Thüngen, Flecken, B.-A. Karlstadt, 973.
Vogelsburg, Berg mit Hof, B.-A. Volkach, 906.
Welzheim, Dorf, B.-A. Alzenau, 786.

Rhein-Pfalz.

Albisheim, Dorf, B.-A. Kirchheimbolanden, 835.
Beindersheim, Dorf, Ldg. Frankenthal, 874.
Deidesheim, Stadt, B.-A. Türkheim, 770.
Edigheim, Dorf, B.-A. Frankenthal, 786.
Friedelsheim, Dorf, B.-A. Neustadt, 770.
Gauersheim, Dorf, B.-A. Kirchheimbolanden, 835.
Meckenheim, Dorf, B.-A. Neustadt, 831.
Oggersheim, Stadt, B.-A. Speyer, 835.
Steinfeld, Gross- und Klein-, Dörfer, B.-A. Bergzabern, 708.
Weiler, Dorf, B.-A. Kirchheimbolanden, 823.
Zell, Dorf, B.-A. Kirchheimbolanden, 708.

Elsass-Lothringen.

Avenheim, Dorf, bei Strassburg, 932.
Barr, Dorf, bei Schlettstadt, 788.

Berstheim, Dorf, bei Hagenau, 798.
Brettenach, Dorf, bei Thionville, 952.
Brumat, Stadt, bei Strassburg, 889.
Diebolsheim, Dorf, bei Schlettstadt, 803.
Dompfen, Dorf, bei Grevenmachern, 959.
Duppigheim, Dorf, bei Strassburg, 956.
Ehnheim, Dorf, SW. von Strassburg, 778.
Erlembach, Dorf, bei Schlettstadt, 644.
Fengenheim oder Vendenheim, ebenda, 613.
Friesenheim, Dorf, Bez. Schlettstadt, bei Benfeld, 803.
Geispolsheim, Dorf, bei Strassburg, 871.
Gingsheim, Dorf, bei Saverne, bei Hochfelden, 952.
Habsheim, Dorf, bei Mülhausen, 757.
Hurtigheim, Dorf, bei Strassburg, 788.
Kembs, Flecken, bei Mülhausen, 757.
Kiensheim, Flecken, NW. von Colmar, 785.
Kirchheim, Dorf, bei Strassburg, 613.
Kraut-Engersheim, SW. von Strassburg, 778.
Lautenbach, Dorf im Ober-Elsass, bei Colmar, 644.
Marly, ebenda 613.
Niffern, Dorf, bei Mülhausen, 788.
Ostheim, Dorf, bei Colmar, 785.
Rosheim, Stadt, bei Schlettstadt, 778.
Schäffolsheim, Dorf, bei Schlettstadt, 788.
Schlettstadt, Stadt, bei Schlettstadt, 952.
Strassburg, Stadt, 788.
Thionville, Stadt an der Mosel, 966.
Valb, SW. v. Strassburg, 778.
Wintzenheim, Flecken, bei Strassburg, 952.

Hessen-Darmstadt.

Alsheim, Dorf, bei Osthofen, 831.
Badenheim, Dorf, bei Wöllstein, 835.
Biblis, Dorf, Starkenburg, bei Heppenheim, 805.
Bickenbach, Dorf, Starkenburg, bei Bensheim, 874.
Billings, Pfarrdorf, Starkenburg, Ldgbz. Reinheim, 786.
Bingen a./Rh. 757.
Bodenheim, zwischen Oppenheim und Mainz, unterhalb Nierstein, 756.
Bretzenheim, nahe bei Mainz, 753.
Dalheim, Dorf, bei Mainz, 798.
Dauernheim, Pfarrdorf, Prov. Oberhessen, A. Bingenheim, 779.
Dexheim, Dorf, bei Mainz, 889.
Dienheim, Dorf, Kr. Mainz, 756 und 786.
Dolgesheim, Dorf, bei Oppenheim, 803.
Drommersheim, bei Bingen, 756.
Ebersheim, Dorf, Nieder-Olm, S. v. Mainz, 791.
Eimsheim, Dorf, bei Oppenheim, 803.
Elsheim, Dorf, b. Biedenkopf, 793.
Erfelden, Dorf, Prov. Starkenburg, a./Rh., bei Darmstadt, 948.
Flonheim, Dorf, bei Alzey, 823.
Frei-Laubersheim, Dorf, bei Alzey, 823.
Gimsheim, Pfarrdorf, Kr. Worms, b. Guntersblum, 805.
Goddelau, Dorf, Starkenburg, Kr. Gross-Gerau, 948.
Grolsheim, Dorf, bei Bingen, 801.

Gronau, Pfarrdorf, Starkenburg, Kr. und b. Bensheim, 786.
Harxheim, Dorf, bei Darmstadt, 796; 835.
Heppenheim, Stadt, 796.
Horchheim, Dorf, bei Worms, 816.
Ingelheim, Ober- und Unter-, Flecken, 835.
Ingolstadt, Flecken, Kr. Mainz, 908.
Lonsheim, Dorf, Kr. Alzey, 801.
Mommenheim, Dorf, Kr. Mainz, 786.
Nierstein, Dorf, Kr. Oppenheim, 994.
Pfeddersheim, Stadt, bei Worms, 771.
Rachelshausen, Dorf, bei Biedenkopf, 796.
Saulheim, Ober- u. Nieder-, Flecken, b. Alzey, 765.
Seeheim, Dorf, Starkenburg, bei Bensheim, 874.
Tribur, Flecken, Prov. Starkenburg, Kr. Gross-Gerau, 985.
Wackernheim, bei Bingen, 756.
Wattenheim, Dorf, Starkenburg, Kr. Bensheim, 805.
Wendelsheim, Dorf, b. Alzey, Ldg. Ortenberg, 841.

Preussen.

Prov. Westfalen.
Rgbz. Minden.
Nieheim, Stadt, Kr. Höxter, 773.

Prov. Rheinpreussen.
Rgbz. Köln.
Bachem, Dorf, Kr. Köln, 882.
Büllesheim, Gross- und Klein-, Kr. Rheinbach, bei Bonn, 856.

Drees, Nieder- und Ober-, Dorf, Kr. Rheinbach, 856.
Effelsberg, Dorf, Kr. und bei Rheinbach, 948.
Elvenich, Ober- und Unter-, Dorf, Kr. Euskirchen, 855.
Gielsdorf, Dorf, Kr. Bonn, 856.
Groven, Dorf, Kr. Bergheim, 862.
Insfelt, Kr. und oberhalb Bonn, 882.
Iversheim, Dorf, Kr. Rheinbach, 893.
Kessenich, Dorf, Kr. Bonn, 856.
Königswinter, Stadt, Siegkreis, 882.
Mehlem, Dorf, Kr. Bonn, 882.
Pissenheim, Dorf, Kr. Bonn, 856.
Rheinbach, Stadt, 943.
Strassfeld, Dorf, Kr. Rheinbach, 856.
Sürst, Dorf, Kr. Rheinbach, 856.
Vilipp, Dorf, Kr. und bei Bonn, 882.
Wesseling, Dorf, Kr. Bonn, 893.

Rgbz. Aachen.
Jülich, Stadt, 847.

Rgbz. Trier.
Breunich, bei Trier, 646.
Clüsserath, Dorf, bei Schweich, Kr. Trier, 826.
Cröv, Dorf, Kr. Wittlich, 874.
Dalem, Dorf, Kr. Bitburg, 996.
Eisenach, Dorf, bei Welschbillig, Kr. Bitburg, 826.
Ensch bei Schweich, Dorf, Kr. Trier, 893.
Etteldorf, Dorf, bei Killburg, Kr. Bitburg, 893.
Giesdorf, Dorf, bei Rommersheim, Kr. Prüm, 893.

Helfand, Dorf, Kr. Saarburg, 924.
Hillesheim, Flecken, Kr. Daun, 646.
Hüttingen, Dorf, Kr. Bitburg, 826.
Idesheim, Dorf, Kr. Bitburg, 826.
Igel, Dorf, Kr. Trier, 929.
Körrig, Dorf, Kr. Saarlouis, 646.
Lörsch bei Schweich, Dorf, Kr. Trier, 893.
Mehring, Dorf, 861—884.
Mellich, Dorf, Kr. Wittlich, 874.
Metterich, Dorf, Kr. Bitburg, 826.
Mötsch, Dorf, Kr. und bei Bitburg, 893.
Portz, Dorf, 720.
Rittersdorf, Dorf, Kr. Bitburg, 866.
Sarresdorf, Dorf, bei Gerolstein, Kr. Daun, 893.
Schweich a. d. Mosel, Kr. Trier, 893.
Schwirzheim, Dorf, Kr. Prüm, 943.
Steffeln, Pfarrdorf, Kr. und bei Prüm, 943.
Thörnig, Dorf, Kr. Trier, 893.
Trier, Stadt, 853.
Uerzig, Dorf, Kr. Wittlich, 874.
Wittlich, Stadt und Kr., 952.
   Rgbz. Koblenz.
Ahrweiler, Stadt, Kr. 893.
Andernach, Stadt, Kr. Mayen, 998.
Bärenbach, Dorf, Kr. Zell, 644.
Bodenbach, Dorf, Kr. Adenau, 841.
Boppard am Rhein, 757.
Bruttig, Dorf, Kr. Kochem 898.
Casbach, Dorf, Kr. Neuwied, 882.
Enkirch, Flecken, Kr. Zell, 908.

Genheim, Dorf, Kr. Kreuznach, 757.
Hüffelsheim, Dorf, Kr. Kreuznach, 801.
Hundheim, Dorf, westlich von Kreuznach, 788.
Kesselheim, Dorf, 966.
Kesseling, Dorf, Kr. Adenau, 893.
Kirn, Stadt, Kr. Kreuznach, 841.
Kreuzberg, Dorf, Kr. Ahrweiler, 893.
Kreuznach, Stadt, 835.
Lay, Dorf, Kr. Koblenz, 803.
Pützfeld, Dorf, Kr. Adenau, 893.
Raubach, Dorf, Kr. Neuwied, 826.
Remagen, Stadt, 882.
Roxheim, Dorf, Kr. Kreuznach, 773.
Rübenach, Dorf, Kr. Koblenz, 888.
Simmern, Stadt, Kr., 841.
Spay, Ober- und Nieder-, Dörfer, Kr. St. Goar, 874.
Unkel, Flecken, Kr. Neuwied, 882.
Valwig, Dorf, Kr. Kochem, 866.
Wallersheim, Dorf, Kr. Koblenz, 786.
Weinsheim, Dorf, Kr. Kreuznach, 868.

Prov. Hessen-Nassau.

Assmannshausen, Dorf, bei Rüdesheim, 800.
Bellingen, Dorf, A. Marienberg, 786.
Bermbach, Dorf, A. und bei Weilburg, 824.
Braubach, Stadt und Amt, 882.
Brechen, Ober- und Nieder-, 2 Dörfer, Bez. Limburg, 910.
Burgschwalbach, Dorf, Kr. Diez, 790.
Dauborn, Dorf, A. Limburg, 786.

Dortelweil, Kr. und bei Frankfurt, 786.
Eibingen, A. Rüdesheim, 942.
Frankfurt a./M., Stadt, 816.
Geisenheim, Flecken, A. Rüdesheim, 838.
Hahnstätten, Dorf, Kr. Diez, 790.
Harheim, Dorf, A. Höchst, 786.
Höchst, Stadt, am Main, 976.
Kaltenholzhausen, Dorf, A. Diez, 790.
Massenheim, Dorf, A. Hochheim, 820.
Odenbach, bei Meisenheim, 893.
Rüdesheim, Dorf, 864.
Selters, Dorf, Kr. Weilburg a./Lahn, 786.
Weyer, Dorf, A. Runkel, 803.
Würges, Dorf, A. Idstein, 958.

Prov. Hannover.

Laer bei Dissen, Dorf, Kr. Osnabrück, 644.

Prov. Sachsen.

Regb. Magdeburg.

Mansfeld, Stadt, 973.
Walsleben, Dorf, Kr. Osterburg, 973.

Regb. Merseburg.

Leimbach, Stadt, 973.
Oerner, Gross-, Dorf, 973.
Thondorf, Dorf, 973.
Vatterode, Dorf, 973.
Walbeck, Dorf, S. v. Aschersleben, 985.
Wallhausen, Flecken, Kr. Sangershausen, 985.

Sachsen-Altenburg.

Heilingen, Dorf, A. Kahla, 973.

Sachsen-Koburg.

Brüheim, Dorf, A. Gotha, 973.
Körner, Flecken, A. Volkerode, 973.
Tonna oder Gräfentonna, Amt und Flecken, 973.

Sachsen-Meiningen.

Meiningen, Stadt, 982.
Salzungen, Stadt, a. d. Werra, 973.
Thachebach bei Themar a. d. Werra, 973.

Sachsen-Weimar.

Kreuzburg, Stadt a. d. Werra, 973.
Mannstett, Dorf, Kr. Weimar, 973.
Wenigentaft, Dorf, Kr. Eisenach, A. Geisa, 887.

Württemberg.

Neckarkreis.

Affalterbach, Dorf, O.-A. Marbach, 977.
Beihingen, Dorf, O.-A. Ludwigsburg, 977.
Biningen, Dorf, O.-A. Marbach, 977.
Gross-Asbach, Dorf, O.-A. Backnang, 977.
Hochdorf, Dorf, O.-A. Waiblingen, 779.
Marbach, Stadt und O.-A., 977.
Murr, Pfarrdorf, O.-A. Marbach, 977.
Pleidelsheim, Dorf, O.-A. Marbach, 977.

Rielingshausen, Pfarrdorf, O.-A. Marbach, 977.
Stangenbach, Weiler, O.-A. Weinsberg, 779.
Steinheim, Dorf, O.-A. Marbach, 977.
Vaihingen, Stadt und O.-A., 779.
Zwingelhausen, Dorf, O.-A. Marbach, 977.

Jaxtkreis.

Ellwangen, Stadt und O.-A., a. d. Jaxt.
Gröningen, Pfarrdorf, O.-A. Crailsheim, 779.
Ingersheim, Dorf, O.-A. Crailsheim, 779.
Laudenbach, Pfarrdorf, O.-A. Mergentheim, 779.
Waldstetten, Pfarrdorf, O.-A. Gmünd, 977.

Schwarzwaldkreis.

Bierlingen, Pfarrdorf, O.-A. Horb a./Neckar, 889.
Wittershausen, Pfarrdorf, O.-A. Sulz, 894.

Donaukreis.

Ailingen, Dorf, O.-A. Tettnang, 873.
Dankertsweiler, Dorf, O.-A. Ravensburg, 875.
Faurndau, Pfarrdorf, O.-A. Göppingen a./Vils, 875.
Happenweiler, O.-A. Ravensburg, 873.
Trutzenweiler, O.-A. Ravensburg, 873.
Wachingen, Pfarrdorf, O.-A. Riedlingen, 779.

Ausserdeutsche Länder.

Belgien.

Avange, Dorf, bei Dinant a. d. Maas, 854.

Luxemburg.

Biver, Dorf, bei Grevenmachern, 929.
Dompfen, bei Grevenmachern, 929.
Grevenmachern, Stadt, a. d. Mosel, 646.
Holler, Dorf, Distr. Dickirch, 893.
Mutfort, Dorf, Distr. und Cant. Luxemburg, 996.

Niederlande.

Gent, Dorf, Prov. Gelderland, b. Arnhem, 805.
Oldenzaal, Stadt, Prov. Oberiyssel, zwischen Deventer und Münster, 893.
Süsteren, Stadt, Prov. Limburg, b. Mastricht, 891.

Oesterreich.

Erzherzogtum Oesterreich.

Aggsbach a./Donau, Dorf, Bez. Melk, 827.
Aschau oder Aschach, Flecken, Hausruckviertel, 777.
Mautern a./Donau, Stadt, eig. Bez., 893.
Oberndorf, Dorf, Salzburg, bei Lauffen, 889.
Perg, Flecken, 772.
Perschling, Dorf, Bez. Herzogenburg, 893.
Ranshofen, Dorf, Bez.-A. u. b. Braunau a./Inn, 897.
Schwallenbach, Dorf, a. d. Donau, b. Krems, 836.
Spitz, Flecken, bei Krems, links d. Donau, 731.

Steiermark.

Ardning, Dorf, Kr. Bruck, Bez. Siezen, 891.
Kirchbach, Dorf, Bez. Gleisdorf, 836.

Leibnitz, Flecken, glchn. Bez., 970.
Nestelbach, Dorf, Bez. Graz, 888.

Kärnthen.

Blasendorf, Dorf, NO. v. Klagenfurt, 979.
Gurk, Flecken, am gleichen Fluss, oberh. Klagenfurt, 864.
Krapfeld, Herrschaft, 953.

Tirol.

Bozen, Stadt, 855.
Sautens, Dorf, Bez. Innsbruck, 965.

Böhmen.

Dris, Dorf, Kr. Prag, Bez. Brandeis, 901.

Schweiz.

Kanton Zürich.

Elgg, Flecken, B.-A. Winterthur, 762.
Rafz, Pfarrdorf, Bez. Bülach, 965.
Seen, Pfarrdorf, Bez. Winterthur, 873.
Stammheim, Ober- und Unter-, Dörfer, Bez. Andelfingen, 834.
Trüllikon, Pfarrdorf, Bez. Andelfingen, 963.

Kanton Schaffhausen.

Osterfingen, Pfarrdorf, 965.

Kanton St. Gallen.

Berg, Dorf, 827.
Goldach, Dorf, Bez. Rorschach, 897.

Pfeffers, Dorf, B.-A. Sargans, 905.
Steinach, 2 Dörfer, B.-A. Rorschach, 897.

Kanton Graubünden.

Bonaduz, Dorf, Bez. Im Boden, 960.
Ems, Dorf, Bez. Im Boden, 973.
Malans, Flecken, Bez. Maienfeld, 966.
Sins, Dorf, Unterengadin, 930.
Trimmis, Dorf, Bez. Unterlandquart, 960.
Zizers, Flecken, Bez. Unterlandquart, a./Rh., 955.

Kanton Thurgau.

Botikofen, Dorf, 830.
Busnang, Ober- und Unter-, Dörfer, Bez. Weinfelden, 857.
Kessweil, Kirchdorf, Bez. Arbon, 860.
Mammern, Dorf, B.-A. Steckborn, 911.
Rothenhausen, Dorf, Bez. Weinfelden, 857.
Steckborn, Stadt, NO. v. Frauenfeld, 838.

Rebkultur und Weingewinnung.

Es erübrigt mir noch zum Schluss eine kurze Besprechung der Art und Weise zu geben, wie in genannter Zeitperiode die Rebe gepflegt wurde, welche Instrumente dazu Verwendung fanden, und wie der Wein gewonnen wurde.

Nur wenige Anhaltspunkte liegen dafür vor. In den Urkunden ist selbstredend davon gar nichts erwähnt. Nur die Kapitularien oder Verordnungen Karls des Grossen für seine Meierhöfe gestatten einen schwachen Einblick in die damaligen Verhältnisse.

Wenn ich mich nun im Vorhergehenden ausschliesslich an das gehalten habe, was urkundlich für diese Jahrhunderte nachweisbar und in denselben schriftlich niedergelegt wurde, so halte ich dafür, keine falschen Angaben zu machen, wenn ich ein oder zwei Jahrhunderte über die von mir gesetzte Zeit hinausgehe. Da steht schon einiges Material mehr zu Gebote. Jahrhunderte in der Kulturgeschichte Germaniens mussten nach wenigen Daten durchflogen werden, und wie lange sind sie! Wie viel Spielraum hat gerade in diesem besprochenen Zeitraum Altmeisterin Uebung und Praxis gehabt, in welchem Masse musste sich dieselbe Geltung verschaffen!

Heute so wie vor tausend Jahren wird in manchen Gegenden die Rebe noch in derselben Weise gepflegt. Vergleichen wir unsere Weinberge mit denen der Israeliten in Palästina, wie wir davon ein Bild aus der Bibel durch Zusammenstellung gewinnen, suchen wir aus den einzelnen Momenten, die uns die Weinbergordnungen Oesterreichs und Frankens, Baierns und Württembergs bieten, den Weinberg im 12.—17. Jahrhundert uns vor Augen zu führen — überall erhalten wir dasselbe Bild. Wir finden, dass der Weinbau in Deutschland ebenso wenig originales besitzt, wie die Rebe selbst. Die technischen Ausdrücke scheinen uns direkt nach Rom zu führen.

Das beifolgende Bild, das älteste, das wohl nach dieser Richtung hin Zeugnis ablegen kann, zeigt eine Randzeichnung aus einer Handschrift des zwölften Jahrhunderts (nach 1165 und vor 1174) aus Oesterreich. Die angedeuteten Weinstöcke zeigen offenbar die Kultur der Rebe an Pfählen, wie sie heute noch in einem Teil von Oesterreich gang und gebe ist. Gerade die Kulturmethode an Pfählen ist aber diejenige, welche hauptsächlich in Deutschland, besonders in Franken, am Rhein, im Elsass etc. noch Sitte ist und sich trotz vieler Neuerungen immer im Volke erhält. In Griechenland war sie von alters her im Gebrauch; der Schild des Achilles war mit

Randzeichnung aus dem Codex Falkensteinensis¹).
Aus den Jahren 1165—1174.

solchen Stöcken besetzt, Homers Odyssee beschreibt die Reihenpflanzung im Garten des Al-

---

¹) Drei Bayerische Traditionsbücher.

kinoos, und soweit uns die Reste von Schriftstücken griechischer Agronomen noch erhalten sind, deuten deren Worte ebenfalls auf die Zucht an Pfählen. In Italien war die Kultur meist anders. Plinius bespricht z. B. diese Rebzucht ganz kurz, während er anderen Methoden viele Worte schenkt. Daraus ist wohl zu schliessen, dass wir besonders den Griechen die Kulturart bei uns zu verdanken haben.

Wenn ich von dem Messer, das der Rebmann unseres Bildes zur Bearbeitung der Rebe in der Hand hält, schliessen darf, welches dem in Oesterreich heute noch üblichen gleich beschaffen scheint, so waren gewiss die Instrumente zur Bodenbearbeitung etc. schon dieselben, wie heute. Dass, wie heute noch in Württemberg, auch früher Obstbäume[1]) in den Weinbergen, besonders in den schlechteren Lagen, gezogen wurden, wird nicht auffallen.

Was die Behandlung der Trauben nach der Lese anlangt, so mag auch diese dieselbe geblieben sein. Fässer erkannte Plinius als in Rhätien erfunden, und dass sie in Mittel-Europa bekannt waren, bezeugt die Erzählung vom Gründer des Klosters in Freising, dem hl. Severin.

Vor dem Keltern wurde die Traube mit Füssen getreten, was Karl d. Gr. in seinen Kapitularien[2])

---

[1]) Neugart Nro. 436 a. 822, unam vineam cum finibus et pomiferis suis.

[2]) Cap. de Villis 34.

vergebens verbietet; denn, dass es erhalten blieb, beweisen uns unsere Tage, und schon im dreizehnten Jahrhundert hat Petrus de Crescentius verlangt, dass die Füsse wenigstens rein sein sollten, dass man aus der Kelter nicht ein- und auslaufen, in derselben der Reinlichkeit halber nicht essen und trinken solle[1]).

Wenn man die römischen Wandgemälde, in denen Kinder die einzelnen Handwerke verrichten[2]), zu bewundern Gelegenheit hatte, so muss es einen Wunder nehmen, wie unbeholfen die alten deutschen Keltern eingerichtet waren. Heute noch bestehen sie, mit den mächtigen Pfählen, die den Druck hervorbringen müssen. Die Kelter allein hat ihre Geschichte, aber es würde den Raum dieses Werkchens weit überschreiten, auf dieselbe näher einzugehen. Die heute noch im Elsasse gebräuchliche Kelter war in Rom die letzte.

---

[1]) Siehe b. Anton.
[2]) Siehe Lepsius, Bilderwerke.

Verwendete Litteratur.

Anton, Geschichte der teutschen Landwirtschaft von den ältesten Zeiten bis zu Ende des 15. Jarh. Görlitz 1799.
v. Babo und E. Mach, Handbuch des Weinbaues und der Kellerwirtschaft. I. II. Berlin 1881 und 84.
Beyer, Heinrich, Urkundenbuch zur Geschichte der, jetzt die preussischen Regierungsbezirke Coblenz und Trier bildenden mittelrheinischen Territorien. Cobl. 1860 ff. Ortsbest. a. d. Ortslexikon.
Bodmann, Rheingauische Altertümer, Mainz 1819.
Böhmischer Weinbau, Jahrg 1884.
Bronner, J. Ph., Die wilden Trauben des Rheinthales. 1857.
Caesar, Jul., Commentarii, de bello Gallico. (51 v. Chr.)
Cicero, de senectude (106—43 v. Chr.).
Chronicon Lunaelacense; Mantissa (auct. Bernh. Eidl) 1749.
Codex Laureshamensis ed. acad. Theodora-Palatina. Mannhemii 1768—70.
Dronke, Codex diplomaticus Fuldensis. Cassel 1847—1850.
Dümgé, Regesta Badensia. Karlsruhe 1836.
Erath, Codex diplomaticus Quedlinburgensis. Francof. ad. Moen. 1764.
Fischer, Joh. Chr., Der fränkische Weinbau auf dem Felde und im Keller. Neue verb. Aufl. Würzb. 1791.
Forcellini, Lexikon totius latinitatis.
Förstemann, Altdeutsches Namenbuch. II. Ortsnamen. Nordhausen 1859. Zur Ortsbestimmung verwendet.
Gmelin, flora badensis. Karlsruhae 1805—26.
Gudenus, Codex diplomaticus. T. 1—5. Göttingen 1743—68.
Günther, W., Codex diplomaticus Rheno-Mosell. 5 Teile. Coblenz 1822—26.
Güth, Poligraphia Meiningensis. Gotha 1676.

Haas. Geschichte der Pfarrei St. Martin in Bamberg. Bamberg 1845.

Harenberg, monumenta historica adhuc inedita etc. Braunschweig 1758 ff.

Heineccius, Antiquitates Goslarienses; in dessen: „scriptor. rerum Germ." 1707. Fol. Francof. ad. M.

Heinemann, v., Codex diplomaticus Anhaltinus. Dessau 1867—83. 5 Teile.

Roschmann v. Hörburg C. A., Geschichte von Tyrol. 2 Bde. Wien 1792—1802.

Homerus, 10. Jahrh. v. Chr.

Inama Sternegg, Deutsche Wirtschaftsgeschichte. I. Leipzig 1879.

Julianus (Kaiser 361—363 n. Chr.), epigrammata in: Anthologia lat. ed. Burmau u. A.

Juvavia, Kleinmayern, F. Th., (annon.). Nachrichten vom Zustande der Gegenden u. Stadt Juvavia. Salzburg 1784.

Keinz, indiculus Arnonis und breves noticiae Salzburgenses. München 1869.

Koch, Die deutschen Obstgehölze. Stuttgart 1876.

Lacomblet; Urkundenbuch für die Geschichte des Niederrheins. Düsseldorf 1840, Bd. 1.

Meichelbeck, historia Frisingensis, 1 Bd. Aug. Vindelic. 1724.

Mohr, Th. v., Codex diplomaticus; Urkunden z. Gesch. Cur-Rätiens etc. Bd. 1. Chur 1848.

Monumenta boica, Tom. I—XXXV. Monachii 1763—1849. Dieselben sind fortgesetzt zunächst bis Bd. 44. 1883.

Neugart, Codex diplomaticus Allemanniae et Burgundiae Trans-juranae etc. 1791. Ortsbest. z. T. nach demselben.

Pertz, Monumenta Germaniae historica ed. Pertz u. A.

Petz, Hans, Dr. Hermann Grauert, Joh. Mayerhofer, Drei bayerische Traditionsbücher aus dem XII. Jahrhundert. Festschrift zum 700jährigen Jubiläum der Wittelsbacher Thronbesteigung. München 1880.

Plinius, Naturalis historia. 77 n. Chr.
Quix, Christian, Geschichte der Stadt Aachen. Aachen 1840.
Reichelt, K., Heimat und Wanderung europäischer Obstgehölze. Obstgarten 1880.
Derselbe, Beiträge zur Geschichte des Obstbaus in Deutschland bis 1000 n. Chr. Obstgarten 1880.
Ried, Thomas, Codex chronologico-diplomaticus Episcopatus Ratisbonensis. Ratisbonae 1816.
Roth, F. W., Geschichtsquellen aus Nassau. Wiesb. 1880.
Roth, K., Kleine Beiträge zur Sprach-, Geschichts- und Ortsforschung. Heft 1—12. München 1850—1868. Ferner noch erschienen bis Heft 20. 1874.
Rumpler, gesta sive calamitates Bavariae in: Oefelius, script. rer. Boicarum. T. I. 1763. Fol.
Schaten, Annales Paderbornenses. 1—3. 1693-1741.
Schmeller, Bayrisches Wörterbuch, II. Aufl. München 1872.
Tacitus, 54—119 n. Chr.
Thudichum, Dr. Georg, Traube und Wein in der Kulturgeschichte. Tübingen 1881.
Urkunden und Akten der Stadt Strassburg, Abt. I, Urkundenbuch Bd. I. bis 1266, bearbeitet von W. Wiegand.
Urkundenbuch des Landes ob der Enns. I—VII, Wien 1852—1876.
Württembergisches Urkundenbuch. 1. Band. Stuttg. 1849. (Im Citat: Kausler.)
Varro, M. Terentius, De re rustica 116—27 v. Chr.
Vogt, Niklas, Rheinische Geschichten und Sagen. Frankfurt 1817.
Wartmann, Herm., Urkundenbuch der Abtei St. Gallen. I. Teil. Zürich 1863. Ortsbestimmung nach dessen Ortslexikon.
Xenophon, Oeconomicus ungef. 444—355 v. Chr.
Zahn, Urkundenbuch des Herzogtums Steyermark. I—II. Graz 1875—79.